CHANTAL CONTANT ET **ROMAIN MULLER**

Les
rectifications
de l'orthographe
du français

 de boeck E RPi

Développement de produits
Pierre Desautels

Supervision éditoriale
Jacqueline Leroux

Direction artistique
Hélène Cousineau

Supervision de la production
Muriel Normand

Conception graphique
Martin Tremblay

Édition électronique
Laliberté d'esprit

Nouvelle orthographe à la conforme est livre Ce
www.orthographe-recommandee.info

Consultez notre site Web : **www.erpi.com**

Les rectifications de l'orthographe du français
Chantal Contant et Romain Muller

© ÉDITIONS DU RENOUVEAU PÉDAGOGIQUE INC., 2010

Éditions du Renouveau Pédagogique Inc.
5757, rue Cypihot
Saint-Laurent (Québec)
H4S 1R3
Canada

Groupe De Boeck s.a.
Éditions Duculot
Rue des Minimes 39
1000 Bruxelles
Belgique

Dépôt légal – Bibliothèque et Archives nationales du Québec, 2010
Dépôt légal – Bibliothèque et Archives nationales Canada, 2010

Imprimé au Canada   1234567890   LIC 12 11 10 09
ISBN 978-2-7613-3146-3   20552 ABCD   COS 14

Table des matières

Une orthographe officielle

PREMIÈRE PARTIE

Les rectifications actuelles

L'orthographe est un ensemble de règles, de **conventions** qui fixent la forme écrite de la langue. L'orthographe est donc, en quelque sorte, le « vêtement » de la langue.

En tant que convention, l'orthographe est un **outil** qui permet de communiquer – un outil que l'on polit de temps en temps et dont on s'assure qu'il reste fonctionnel. Dans les siècles passés, cet outil a déjà fait l'objet de modifications, d'améliorations (**≫** pages 10-11). De la même façon, aujourd'hui, des modifications limitées dans leur ampleur sont apportées à l'orthographe française.

Des rectifications orthographiques proposées officiellement

Les modifications actuelles sont appelées couramment **rectifications orthographiques**. L'expression « réforme de l'orthographe » (que l'on entend parfois) n'est pas de mise, car moins de 5 % des mots changent, ce qui est très peu.

Les rectifications orthographiques sont **officielles** : elles ont été élaborées conjointement par des groupes d'experts de différents pays nommés par le Conseil supérieur de la langue française (France) et l'Académie française. Celle-ci intègre la nouvelle orthographe dans son *Dictionnaire* et précise qu'**aucune des deux graphies** (ni l'ancienne ni la nouvelle) **ne peut être tenue pour fautive**. Autrement dit, la nouvelle orthographe est recommandable et recommandée, mais toute personne qui souhaite continuer d'écrire en ancienne orthographe reste dans son bon droit et ne peut être blâmée.

Dans les autres langues aussi !

L'orthographe du français a déjà été modifiée par le passé, et il en est de même chez nos voisins. Ces dernières années, par exemple, des langues comme l'allemand, le portugais ou encore le néerlandais – qui, pourtant, ont toutes trois une orthographe plus régulière que le français – ont aussi connu leurs « rectifications orthographiques ». Par ailleurs, l'italien et l'espagnol (deux langues latines, comme le français) ont une orthographe facile ; pourtant, cela n'enlève rien à leur beauté expressive.

L'orthographe change, lentement mais *surement* !

Les groupes d'experts chargés de proposer les rectifications orthographiques ont été mis en place en 1989. Leurs propositions ont été acceptées, finalisées et publiées fin 1990 au *Journal officiel de la République française*. Dans un premier temps, il a été décidé, volontairement, de ne pas « imposer » la nouvelle orthographe.

Les changements en matière d'orthographe exigent toujours du temps. Par exemple, aujourd'hui encore, on voit parfois écrit *grand'mère*, alors que ce mot « devrait » s'écrire **grand-mère** depuis près d'un siècle ! Les dernières rectifications orthographiques n'échappent pas à ce principe. Cela est parfaitement normal : généralement, les générations les plus vieilles prennent du temps à changer leur façon d'écrire, et l'orthographe nouvelle entre progressivement dans l'usage, lentement, mais *surement*.

Tenir compte de la nouvelle orthographe

Aujourd'hui, l'orthographe moderne est enseignée : des instructions précises ont été données dans plusieurs pays (▶▶ pages 56-57). Elle est intégrée dans la majorité des dictionnaires et des correcteurs informatiques, comme nous allons le voir, et de nombreux éditeurs en tiennent compte. Puisque l'orthographe évolue, il est normal que les pratiques des uns et des autres en tiennent compte !

Qu'est-ce que... l'orthographe ?

L'orthographe est un ensemble de conventions. Mais ces « conventions » sont-elles des « lois » ? Pas véritablement : en effet, l'orthographe du français en tant que telle ne fait l'objet d'aucun texte légal ou règlementaire. Différents textes précisent, par exemple, à quel moment et comment l'orthographe doit être enseignée à l'école, mais aucune loi ne précise comment doit s'écrire tel ou tel mot. L'Académie française est considérée comme une autorité reconnue, et les dictionnaires et correcteurs informatiques d'usage courant sont ceux auxquels on se réfère lorsque l'on a un doute sur l'orthographe de tel ou tel mot. De cette façon, le fait que les dictionnaires et les logiciels de correction tiennent compte des rectifications orthographiques leur donne une vraie légitimité.

En résumé

Les instances officielles ont proposé des rectifications orthographiques limitées. L'orthographe est le « vêtement » de la langue : il est normal qu'elle évolue de temps en temps.

Vrai ou faux?

	VRAI	FAUX
On va dorénavant écrire **éléphant** avec un **f**. (▶▶ page 47)		✗
En nouvelle orthographe, les accents circonflexes disparaissent sur **i** et **u**. (▶▶ pages 36-37)	✓	
La nouvelle orthographe n'est pas enseignée à l'école. (▶▶ pages 56-57)		✗
L'Académie française approuve les rectifications de l'orthographe et les mentionne dans son *Dictionnaire*. (▶▶ pages 6 et 16)	✓	
Il n'existe pas de dictionnaires à jour tenant compte de l'orthographe rectifiée. (▶▶ pages 12-13)		✗
La nouvelle orthographe n'est pas une écriture phonétique et ne défigure pas les textes : elle touche en moyenne seulement un mot par page. (▶▶ page 54)	✓	
Mélanger l'ancienne et la nouvelle orthographe dans un même texte constitue une faute d'orthographe. (▶▶ pages 15, 16 et 56)		✗
L'orthographe française a été modifiée plusieurs fois au fil des siècles ; il est normal que des parties de l'orthographe soient officiellement ajustées une ou deux fois par siècle. (▶▶ pages 11 et 17)	✓	

VRAI OU FAUX ?

	VRAI	FAUX
Encore des changements ! Il va falloir tout réapprendre ! (▶▶ page 17)		✗
Les correcteurs informatiques les plus courants sont à jour. (▶▶ pages 14-15)	✓	
On peut écrire **cheval** avec un **s** au pluriel. (▶▶ page 31)		✗
Des éditeurs de livres ont commencé à publier en orthographe moderne (romans, romans jeunesse, albums pour enfants, poésie, etc.). (▶▶ page 60)	✓	
Il va falloir réimprimer tous les livres. (▶▶ page 17)		✗
On peut commencer dès maintenant à rédiger en nouvelle orthographe, même partiellement : si l'on pense ne pas maitriser encore toutes les règles de l'orthographe moderne, on est en droit de les appliquer graduellement. (▶▶ page 16)	✓	

En résumé

Vérité ou fausse rumeur ? Des informations diverses circulent au sujet de la nouvelle orthographe. Faites la part des choses en sachant discerner le vrai du faux.

L'évolution de l'orthographe au fil du temps

Avoir une orthographe **globalement plus cohérente** est l'un des principaux objectifs qu'ont eus les « réformateurs » au cours des siècles. L'utilisation des accents, par exemple, a fait l'objet de plusieurs réformes : il a d'abord fallu les introduire, puis harmoniser leur utilisation… ce que l'on continue de faire aujourd'hui (par exemple, en écrivant en orthographe moderne **évènement** avec un accent grave, comme **avènement**).

Pourquoi rectifie-t-on l'orthographe ?

On ne rectifie pas l'orthographe pour entériner une quelconque « baisse du niveau », mais tout simplement parce que, l'orthographe étant un outil à la disposition de l'être humain, c'est elle qui doit être à son service – et non l'inverse. En particulier, au cours des siècles, pour des raisons diverses, des incohérences ont tendance à s'accumuler, et il convient dès lors de « faire le ménage » de temps en temps.

Supprimer des anomalies, lever des doutes

Des anomalies et des doutes apparaissent inévitablement au fil du temps, par exemple lorsque notre langue emprunte des mots à d'autres langues. Ainsi, au XVIIIe siècle, le français a « importé » beaucoup de mots italiens. Dans de tels cas, plusieurs questions se posent : Faut-il employer le pluriel d'origine ? Doit-on « adapter » le mot à l'orthographe française ? Aujourd'hui, les mêmes questions se posent, en particulier avec les emprunts à l'anglais (ex. : *un sprinter* ou **un sprinteur** ?). Ces doutes doivent être levés.

Et l'étymologie ?

L'exemple de l'accent circonflexe présenté à la page suivante prouve que les rapports entre orthographe et étymologie (origine des mots) sont beaucoup plus compliqués qu'il n'y paraît. L'orthographe du français est beaucoup plus « étymologisante » que celle des autres langues romanes. Et pourtant, par le passé, bien des lettres grecques ont été supprimées. Aujourd'hui, le fait de vouloir continuer d'écrire *asseoir* (devenu **assoir** en orthographe moderne) avec un e pour des raisons « étymologiques » ou « historiques » n'a aucun sens : cela fait belle lurette que l'on écrit déjà **voir** et **choir** (et non plus *veoir* ni *cheoir*).

Des réformes au cours des siècles

La première édition du *Dictionnaire* de l'Académie française a été publiée en 1694 ; mais, à cette époque, l'orthographe est encore mal fixée et n'a pas le statut qu'elle acquerra plus tard. L'Académie reprend en grande partie les préceptes des Imprimeurs du roi de France ; néanmoins, grâce à Corneille, notamment, elle s'en écarte déjà quelque peu, dans un esprit de simplification.

Puis, des « réformes », plus ou moins étendues, ont lieu à raison de plusieurs par siècle. Parmi les plus importantes, citons :

- En 1740, la troisième édition du *Dictionnaire* de l'Académie française modifie l'orthographe de près d'un mot sur trois. Par souci de simplification, on introduit les accents, on supprime de nombreuses consonnes doubles…

- À la fin du XVIIIe siècle, on poursuit l'effort de simplification, notamment en supprimant des lettres grecques : *alchymie* devient **alchimie**.

- Au XIXe siècle, l'Académie entérine des orthographes qui sont déjà passées dans l'usage depuis plusieurs décennies, par exemple **j'avais** (forme que Voltaire lui-même préconisait en remplacement de *j'avois*), et supprime des règles inutiles (jusque-là, **un enfant** s'écrivait *des enfans* au pluriel). D'autres domaines continuent d'être simplifiés.

- Au début du XXe siècle, des modifications plus isolées sont effectuées : *grand'mère* perd son apostrophe pour devenir **grand-mère**.

L'accent circonflexe, introduit par une réforme !

À peu près tout le monde est persuadé que l'accent circonflexe est sacré, parce que, prétendument, il serait une indication étymologique (historique) importante et marquerait un **s** disparu. Cette croyance est très éloignée de la réalité : en fait, dans de très nombreux mots, aucun accent circonflexe ne marque la disparition d'un **s** (on écrit **moutarde** sans accent, alors même que ce mot est aujourd'hui encore *mustard* en anglais) ; parfois, l'accent circonflexe est tout simplement injustifiable (**extrême** vient du latin *extremus*). Mais, surtout, il faut savoir que l'accent circonflexe a été introduit… par une réforme de l'orthographe ! Il s'agissait alors déjà de simplifier l'écriture. Aujourd'hui, puisque le circonflexe n'est d'aucune utilité sur **i** et **u** (il ne donne pas d'indication utile pour la prononciation), il est tout à fait normal qu'il disparaisse (⏩ pages 36-37).

En résumé

L'orthographe du français a déjà été modifiée à de nombreuses reprises au cours des siècles. Cette évolution est normale : l'orthographe doit être au service des francophones et des francophiles !

Les **dictionnaires** évoluent aussi

On estime que, plus d'une fois sur deux, lorsqu'une personne ouvre un dictionnaire, ce n'est pas pour y consulter une définition, mais simplement pour vérifier la façon d'écrire un mot. Le dictionnaire, en effet, est considéré comme une référence en matière d'orthographe : il indique la façon correcte d'écrire les mots. À ce titre, lorsque de nouvelles façons d'écrire sont correctes, tout dictionnaire devrait en tenir compte.

Quelques grands dictionnaires dans l'histoire

Parmi les grands noms de la lexicographie française, on peut relever, tout d'abord, celui d'**Émile Littré** (1801-1881). Dans son monumental *Dictionnaire de la langue française*, Littré insérait parfois des remarques dans lesquelles il relevait des incohérences orthographiques ; sans doute serait-il ravi de savoir que les rectifications orthographiques ont retenu plusieurs de ses remarques. D'ailleurs, le *Nouveau Littré* (éditions Garnier, www.nouveaulittre.fr) intègre la nouvelle orthographe. Il en va de même dans le *Dictionnaire Hachette*, un dictionnaire encyclopédique d'usage courant qui regroupe mots de la langue et noms propres, et qui est l'héritier du *Littré*.

Un autre grand nom est celui de **Pierre Larousse** (1817-1875). Parmi les ouvrages des éditions Larousse mis à jour et signalant la nouvelle orthographe, mentionnons le *Dictionnaire Larousse Junior* pour les petits, et *Le Larousse des noms communs* pour les grands.

De plus en plus virtuels...

Dans le domaine des dictionnaires, on voit apparaitre de plus en plus d'outils électroniques (dictionnaires de définitions, dictionnaires de synonymes, notamment). Là encore, n'hésitez pas à comparer les produits et à vous assurer qu'ils sont à jour. Selon l'usage que vous voudrez en faire, vous choisirez peut-être un dictionnaire multiforme qui non seulement tient compte de l'orthographe moderne, mais encore présente les différentes nouvelles règles, comme Antidote Mobile, qui s'intègre dans l'écran de votre téléphone portable [www.druide.com].

Plus près de nous, il faut citer le nom de **Paul Robert** (1910-1980). Le correcteur de poche *Vérifiez votre orthographe*, des éditions Le Robert, atteste les graphies modernes maintenant recommandées.

Toujours plus de «produits dérivés»

On trouve en outre sur le marché des dictionnaires de nombreuses versions réduites : ouvrages de poche, éditions destinées au public scolaire, etc. Ces « modèles réduits » doivent aussi se mettre à jour, ce qu'ils font. Attention, toutefois : les mises à jour des différentes versions d'un dictionnaire ne sont pas toujours réalisées simultanément. Pour vous assurer que le produit que vous achetez est conforme à l'orthographe moderne, il vous suffit de vérifier que le mot **bruler**, par exemple, y est donné sans accent circonflexe.

Quels dictionnaires sont entièrement à jour ?

Tous les dictionnaires intègrent, en tout ou en partie, les graphies nouvelles. Pour connaitre la liste des dictionnaires qui sont 100 % à jour, consultez le site www.nouvelleorthographe.info.

Les autres ouvrages de référence

À côté des dictionnaires, il convient de faire mention de ce que l'on appelle les « ouvrages de référence » : grammaires, livres de conjugaison, guides orthographiques, etc. Ils sont nombreux sur le marché et intègrent eux aussi de plus en plus l'orthographe moderne. On peut citer : la grammaire *Le bon usage* (Grevisse-Goosse), qui présente les nouvelles règles ; le guide complet avec exercices et corrigés *Connaitre et maitriser la nouvelle orthographe* ; *Le Ramat de la typographie*, une référence en révision ; *La nouvelle orthographe en pratique*, pour l'enseignement de l'orthographe ; le guide d'autocorrection en grammaire *L'express grammatical* ; le *Grand vadémécum de l'orthographe moderne recommandée*, pour une liste alphabétique complète des mots touchés ; etc.

En résumé

Les dictionnaires évoluent et enregistrent les rectifications orthographiques. Pour vous assurer que votre édition est à jour, vérifiez que le mot **bruler** y est donné sans accent circonflexe.

Les correcteurs informatiques sont à jour

Bonne nouvelle : tous les correcteurs informatiques les plus couramment employés sont à jour ! Selon les versions des logiciels que vous utilisez, il peut toutefois être nécessaire de télécharger une mise à jour ou d'effectuer un réglage spécifique : prenez-y garde.

Les correcteurs « intégrés »

Les vérificateurs les plus largement répandus sont ceux inclus dans des logiciels comme Word, Outlook, PowerPoint (de Microsoft) ou OpenOffice.org (suite logicielle libre). Tant Microsoft qu'OpenOffice.org ont des correcteurs à jour, qui tiennent compte de l'orthographe moderne en fonction des réglages sélectionnés.

Les correcteurs « avancés »

Par ailleurs, on peut souhaiter une correction plus fine (notamment en matière de grammaire et de typographie). Il existe à cet effet des correcteurs dits « avancés », qui analysent le texte plus en profondeur : ce sont des logiciels séparés, différents de votre programme de traitement de texte. Les plus connus sont Antidote, ProLexis et Cordial. Tout comme les correcteurs « intégrés », ils ont fait l'objet de mises à jour et sont donc parfaitement équipés pour corriger vos écrits en tenant compte des rectifications orthographiques.

Le correcteur pour moderniser vos documents

Le réglage qui impose la nouvelle orthographe peut vous être particulièrement utile. D'une part, si vous ne vous sentez pas encore totalement à l'aise avec la nouvelle orthographe, le correcteur pourra vous signaler les mots que vous aurez oublié de rectifier. D'autre part, si vous souhaitez reprendre un ancien document, ou encore un texte qui a été écrit en ancienne orthographe par une autre personne, l'option n'acceptant que la nouvelle orthographe vous permettra de les mettre à jour de façon simple et rapide. Les « prismes » (filtres) du correcteur Antidote sont particulièrement efficaces pour cette opération : quelques secondes leur suffisent pour repérer les mots en ancienne orthographe dans un texte.

Mise à jour impérative...

Un point doit toutefois être surveillé avec attention : quelle est la version du logiciel dont vous disposez ? Si elle date de plusieurs années, il est peut-être nécessaire d'acquérir une nouvelle version pour pouvoir profiter de la correction en orthographe moderne. Ou peut-être encore une mise à jour est-elle disponible (gratuitement). Pour en savoir plus sur les versions des logiciels et les mises à jour disponibles, consultez la page www.orthographe-recommandee.info/label.

Un label de qualité

Les correcteurs informatiques cités ici ont reçu le label de qualité *orthographe-recommandee.info*.

Cela signifie que leur prise en compte des rectifications orthographiques a été vérifiée soigneusement. Vous pouvez donc leur faire pleinement confiance !

Saviez-vous que vous pouvez agrémenter vos propres documents d'un logo ou d'une vignette de conformité (▶▶ pages 54-55) ?

... et réglages à surveiller !

Une fois que vous avez un logiciel à jour, vous devez surveiller les réglages (essayez les menus Outils et Options). Dans tous les cas, vous pourrez choisir une correction en orthographe moderne uniquement (**bruler**, **assoir** sont acceptés, tandis que *brûler*, *asseoir* sont considérés comme des erreurs) ou en orthographe ancienne uniquement (*brûler*, *asseoir* sont acceptés, tandis que **bruler**, **assoir** sont considérés comme des erreurs). Par ailleurs, la plupart des logiciels proposent une troisième option, avec laquelle le programme accepte les deux orthographes indifféremment. Dans ce cas, le logiciel ne sera pas dérangé par un mélange des deux orthographes dans un même texte (ce qui est effectivement permis). Veillez donc à adapter les réglages de votre correcteur en fonction de vos souhaits.

En résumé

Les correcteurs informatiques sont à jour en orthographe. Pensez à avoir une version suffisamment récente et à effectuer les réglages adéquats !

Officielle, non **obligatoire,** mais **recommandée**

Les rectifications de l'orthographe du français sont officielles : les instances francophones qui veillent sur la langue (comme l'Académie française, l'Office québécois de la langue française, les Conseils supérieurs chargés de la langue française en France, en Belgique francophone, au Québec…) les reconnaissent et y sont favorables. Cette orthographe moderne n'est cependant pas obligatoire. On peut choisir de continuer d'écrire en orthographe plus ancienne si l'on y tient, car il n'y a pas de date limite pour l'application de ces rectifications. Mais, puisque la nouvelle orthographe est officiellement recommandée par des instances compétentes, les formes modernes tendent à remplacer les formes anciennes. Les jeunes générations ont tout intérêt à recevoir un enseignement moderne : les professeurs ont été invités à laisser de côté les anciennes exceptions (▶▶ pages 56-57 et www.orthographe-recommandee.info/enseignement).

Vous pouvez y aller graduellement

Si vous craignez de ne pas encore maitriser toutes les règles modernes, vous avez le droit de rédiger « partiellement » en nouvelle orthographe, donc de respecter seulement une partie des règles, celles qui vous semblent plus faciles, comme la supression de l'accent circonflexe sur **i** et **u**, ou encore l'application du pluriel régulier dans les mots étrangers.

Vous pouvez mélanger les deux orthographes dans un même texte, car les deux formes sont acceptées.

C'est la règle qui prime… et non les exceptions

Les rectifications de l'orthographe n'ont pas été mises en place pour contrer le problème de l'échec scolaire, pour niveler par le bas ou pour altérer la beauté de la langue. Elles sont là pour éliminer des anomalies injustifiées. Elles n'autorisent pas à écrire n'importe comment ; elles permettent plutôt d'écrire avec plus de rigueur et de cohérence.

Doit-on tout réapprendre ? tout réimprimer ?

Non. Les rectifications renforcent certaines règles déjà existantes. Le mot d'ordre est : **régularité** ! Les règles sont beaucoup plus faciles à retenir qu'avant puisqu'elles comportent très peu d'exceptions. D'ailleurs, les gens mémorisaient difficilement toutes les irrégularités injustifiées. Et, puisque les modifications touchent à peine un mot par page (souvent, il s'agit d'un accent), il n'est pas nécessaire de réimprimer les livres existants. La transition se fait en douceur.

Qu'arrivera-t-il aux textes de nos grands auteurs ?

Craignez-vous de ne plus pouvoir lire les grands auteurs si l'orthographe est modifiée ? Si vous êtes capable de lire La Fontaine ou Molière aujourd'hui, c'est parce que les livres actuels sont écrits... avec l'orthographe de notre époque. L'orthographe a été ajustée au fil des siècles, à plusieurs reprises (**>>** page 11). En voici un exemple :

Une Grenoüille vid un Bœuf, Qui luy sembla de belle taille. Elle qui n'estoit pas grosse en tout comme un œuf [...]	Une grenouille vit un bœuf, Qui lui sembla de belle taille. Elle qui n'était pas grosse en tout comme un œuf [...]
(édition originale des *Fables* de La Fontaine, XVIIe siècle)	(le même texte, avec l'orthographe d'aujourd'hui)

La nouvelle orthographe, parlez-en !

La nouvelle orthographe, c'est pour tout le monde ! Faites-la connaitre et faites taire les rumeurs infondées. Discutez-en avec votre entourage, en famille, entre amis, avec vos collègues, avec les dirigeants de votre entreprise, avec les professeurs de vos enfants.

Pensez par exemple à écrire un bref article ou une lettre ouverte pour votre journal local, à mettre le sujet à l'ordre du jour de vos prochaines réunions, à envoyer un petit mot informatif à l'école de vos enfants, etc.

En résumé

Il ne s'agit pas d'une « réforme », mais de *rectifications limitées* : les ajustements actuels sont sages. Ce sont les seuls changements officiels depuis 1935 : un petit ménage s'imposait.

Les nouvelles règles

DEUXIÈME PARTIE

■ TRAIT D'UNION ET SOUDURE

Préfixes *contr(e)-, entr(e)-, extra-, infra-, intra-, ultra-*

☑ RÈGLE A1

Le trait d'union est remplacé par la soudure dans les mots composés du préfixe **contr(e)-** ou du préfixe **entr(e)-**.

Ancienne orthographe	Nouvelle orthographe
à contre-courant	à contrecourant
contre-indiqué	contrindiqué
entre-temps	entretemps

⚠ Cette règle ne concerne pas les mots avec **contre-** ou **entre-** ayant plusieurs traits d'union : **un contre-la-montre** et l'**entre-deux-guerres** conservent leurs traits d'union. Dans ces mots-ci, **contre** et **entre** ne sont pas considérés comme des préfixes, mais comme des prépositions entrant dans la formation d'un nom composé.

▶ **EXEMPLES DE MOTS RECTIFIÉS**

contrattaquer	contrépreuve	entrejambe
contrechoc	contrevérité	s'entredéchirer
contreculture	contrexemple	s'entredétruire
contrejour	contrexpertise	s'entredévorer
contremploi	contrindication	s'entrégorger
contreplaqué	controffensive	s'entrenuire
contreplongée	entrapercevoir	s'entretuer

Uniformité et cohérence

Le fait d'écrire soudés tous les mots composés des préfixes **contr(e)-** et **entr(e)-** permet une plus grande cohérence. Au fil des éditions de son *Dictionnaire*, l'Académie française a soudé de plus en plus de mots composés de **contr(e)-** et de **entr(e)-**. Aujourd'hui, la boucle est bouclée !

Qu'est-ce que la «soudure» ?

On dit qu'un mot est « soudé » lorsque les différents éléments qui le composent ne sont pas séparés par des traits d'union ni par des espaces. Par exemple, on dit que **intramusculaire** est soudé et que **intra-utérin** n'est pas soudé.

Vous aurez remarqué que, dans l'énoncé de la règle, le **e** de **contr(e)-** et de **entr(e)-** est entre parenthèses. La raison en est simple : devant une voyelle, ce **e** disparait. Par exemple, **contr(e)** + **ordre** donne **contrordre**, **contr(e)** + **espionnage** donne **contrespionnage**, etc.

RÈGLES

TRAIT D'UNION ET SOUDURE

☑ RÈGLE A2

Le trait d'union est remplacé par la soudure dans les mots composés des préfixes **extra-**, **infra-**, **intra-** et **ultra-**.

Ancienne orthographe	Nouvelle orthographe
extra-parlementaire	extraparlementaire
intra-veineux	intraveineux
ultra-son	ultrason

⚠ On conserve le trait d'union dans les mots où la suppression de celui-ci engendrerait une mauvaise prononciation, par exemple dans **extra-utérin**. Si ce mot était soudé, les lettres **a** et **u** seraient en contact comme dans le mot **automne**, où les deux lettres se lient pour former un seul son. On évite donc de souder **a** et **u** (pour éviter le son **au**), de même que **a** et **i** (pour éviter le son **ai**).

▶ **EXEMPLES DE MOTS RECTIFIÉS**

extrafin	infraacoustique	ultrachic
extrafort	infrarouge	ultracourt
extralégal	infrason	ultraléger
extralucide	infrasonore	ultramince
extramuros	intraartériel	ultramoderne
extrasensible	intramuros	ultrarévolutionnaire
extrasensoriel	intraoculaire	ultrasensible
extraterrestre	intraosseux	ultrasonique
extraterritorial	intraveineuse	ultraviolet

Et avec les préfixes *para-*, *sur-*, *supra-*?

Les mots composés avec les préfixes **para-**, **sur-**, **supra-** ne sont pas mentionnés dans la règle A2 pour une raison simple : ils étaient déjà tous soudés en ancienne orthographe ! Ainsi, on écrit depuis longtemps **parachute**, **parapente**, **parapublic**, **surdoué**, **surexploité**, **supranational**, **suprasensible**, etc. Cette régularité est évidemment maintenue. Que l'orthographe française est belle, quand elle est cohérente !

En résumé

On écrit en un seul mot les mots composés des préfixes **contr(e)-**, **entr(e)-**, **extra-**, **infra-**, **intra-** et **ultra-**.

Ex. : contrattaque, s'entretuer, extrafort, infrarouge.

▮ TRAIT D'UNION ET SOUDURE

Éléments savants comme préfixes

☑ RÈGLE A3

Le trait d'union est remplacé par la soudure dans les mots composés d'éléments savants, en particulier en **-o**.

Ancienne orthographe	Nouvelle orthographe
macro-économique	macroéconomique
mini-jupe	minijupe
psycho-affectif	psychoaffectif

⚠ On conserve le trait d'union dans les noms propres et géographiques lorsqu'il marque une relation de coordination entre les deux termes (ex. : **gréco-romain, franco-québécois**).

⚠ On conserve également le trait d'union dans les mots où la suppression de celui-ci engendrerait une mauvaise prononciation, par exemple dans **bio-industrie**, pour éviter le groupe de lettres **oi**. On évitera donc la rencontre de **o** avec **i** (pour éviter le son **oi**) ou avec **u** (pour éviter le son **ou**), de même que la rencontre de **a** avec **i** (pour éviter le son **ai**) ou avec **u** (pour éviter le son **au**).

▶ EXEMPLES DE MOTS RECTIFIÉS

aéroclub	minigolf
agroalimentaire	narcoanalyse
antiâge	néobrunswickois
audiovisuel	néoclassique
autoévaluation	néoécossais
bronchopneumonie	néozélandais
cardiovasculaire	otorhinolaryngologiste
céphalorachidien	photoélectrique
cérébrospinal	physicochimique
cinéparc	postmoderne
cirrocumulus	postscriptum
cumulonimbus	sacrosaint
électroaimant	socioculturel
électroencéphalogramme	socioéconomique
hydroélectricité	socioéducatif
maniacodépressif	stratocumulus
médicolégal	téléfilm
microordinateur	turboalternateur

Qu'est-ce qu'un « élément savant » ?

De nombreux mots comportent un préfixe dit « savant », c'est-à-dire un élément qui ne peut pas être utilisé de façon autonome. Par exemple, dans le mot **agroalimentaire**, on reconnait le mot **alimentaire** et l'élément **agro-**. Le mot **alimentaire** peut s'employer seul, mais pas l'élément **agro-**, que l'on appelle « élément savant » et qui permet de changer le sens du mot auquel il est joint.

La tendance à souder

Depuis plusieurs décennies, la tendance est à écrire sans trait d'union les mots composés d'éléments savants. Les rectifications de l'orthographe confirment ce principe : les mots composés d'éléments savants s'écrivent soudés en orthographe moderne.

Néozélandais mais *franco-belge*

À priori, **néozélandais** et **franco-belge** sont tous deux des adjectifs faisant référence à des pays. Pourquoi alors l'un (**néozélandais**) est-il soudé en orthographe moderne, mais pas l'autre ? La raison en est très simple : une personne néozélandaise est une personne de Nouvelle-Zélande ; **néo-** est ici un préfixe savant qui reprend l'élément **Nouvelle-** que l'on trouve dans le nom du pays. En revanche, une charte franco-belge est une charte qui lie la France et la Belgique : pour bien montrer que l'on parle de deux pays (il y a coordination), on conserve le trait d'union.

En résumé

On écrit en un seul mot les mots composés d'éléments savants.

Ex. : antiâge, autoadhésif, gastroentérite, néolibéralisme, spatiotemporel.

■ **TRAIT D'UNION ET SOUDURE**

Mots d'origine étrangère et onomatopées

⚑ RÈGLE A4.1

La soudure est favorisée dans les composés de formation onomatopéique (mots imitatifs) : on les écrit sans espace et sans trait d'union.

Ancienne orthographe	Nouvelle orthographe
bla-bla	blabla
guili-guili	guiliguili
tam-tam	tamtam

▶ **EXEMPLES DE MOTS RECTIFIÉS**

un bouiboui, des bouibouis

un chachacha, des chachachas

un froufrou, des froufrous

un gouzigouzi, des gouzigouzis

cuicui !

hihan !

La soudure est préférable

Certains mots pouvaient s'écrire de plusieurs façons. Par exemple, on rencontrait dans les dictionnaires *un tic tac* avec un blanc (espace), *un tic-tac* avec un trait d'union, et **un tictac** en un seul mot. Que doit-on alors choisir ? C'est la forme soudée, donc en un seul mot, qui est recommandée dans ce cas. La soudure confirme la « lexicalisation » du mot : il devient une seule unité de vocabulaire, un mot simple, bien intégré. Les mots évoluent ainsi.

Et le pluriel se régularise comme par magie !

Le pluriel des onomatopées était un casse-tête ! On avait en orthographe ancienne *des tam-tam, des tam-tams* ou encore *des tams-tams*. Mais, en étant écrits soudés, les noms deviennent réguliers au pluriel. Maintenant que l'on écrit **tamtam** en un seul mot, son pluriel devient tout simplement **des tamtams**, avec un s à la fin du nom, comme c'est la règle habituelle en français.

RÈGLES

TRAIT D'UNION ET SOUDURE

☑ RÈGLE A4.2
La soudure est favorisée dans les mots d'origine étrangère bien implantés dans l'usage : on les écrit sans espace et sans trait d'union.

Ancienne orthographe	Nouvelle orthographe
hot-dog ou hot dog	hotdog
statu quo	statuquo
water-polo	waterpolo

▶ **EXEMPLES DE MOTS RECTIFIÉS**

un apriori	boyscout	harakiri	snackbar
babyboum	cowboy	hotdog	spinabifida
baseball	donjuan	lockout	statuquo
basketball	etcétéra	motocross	striptease
belcanto	flashback	ossobuco	vadémécum
bigbang	foxtrot	plumpouding	volleyball
blackout	globetrotteur	popcorn	waterpolo
bossanova	handball	primadonna	weekend

Pluriel régulier
Les mots étrangers régularisent eux aussi leur pluriel en devenant soudés en orthographe moderne : **un lockout, des lockouts**. Vous verrez d'autres détails au sujet du pluriel régularisé des mots étrangers aux pages 32-33.

La nouvelle orthographe recommande-t-elle l'emploi d'anglicismes ?

Non. Les rectifications orthographiques du français ne recommandent pas d'employer tel mot de vocabulaire plutôt que tel autre. Elles ne font que préciser, de façon rigoureuse, comment doit s'écrire un mot si on veut l'employer dans un texte. Par exemple, si vous choisissez d'employer **snackbar, checkup, milkshake** ou **popcorn**, la nouvelle orthographe recommande de les écrire en un mot, mais il est bien entendu permis et souhaitable d'employer plutôt un équivalent français, comme **casse-croute, bilan de santé, lait frappé** ou **maïs soufflé**. Les rectifications ne dictent aucunement les mots de vocabulaire à choisir ; elles ne font que préciser comment les écrire quand vous souhaitez employer tels et tels termes dans vos textes.

En résumé

On écrit en un seul mot les onomatopées (mots imitatifs) et les mots d'origine étrangère.

Ex. : coincoin, tictac, baseball, cowboy, weekend.

TRAIT D'UNION ET SOUDURE

Autres soudures

☑ RÈGLE A5.1

Le trait d'union est remplacé par la soudure dans plusieurs composés avec **bas(se)-, bien-, haut(e)-, mal-, mille-,** et dans quelques autres composés bien ciblés.

Ancienne orthographe	Nouvelle orthographe
bien-fondé	bienfondé
pique-nique	piquenique
plate-bande	platebande

▶ **EXEMPLES DE MOTS RECTIFIÉS**

d'arrachepied	boutentrain	fairepart	passetemps
bassecour	croquemort	hautparleur	portemonnaie
bienêtre	entête	millepatte	rondpoint

Une disparition limitée des traits d'union

La règle A5 touche un nombre limité de mots, notamment des mots que l'on soude pour l'une ou l'autre des raisons suivantes :

1) Ces mots coexistaient déjà sous forme soudée dans un dictionnaire. Ex. : **tirebouchonner** existait dans le *Petit Robert* aux côtés de *tire-bouchonner* ; de même, on préfère **portemanteau**, qui existait déjà aux côtés de *porte-manteau*.

2) On n'en comprenait plus les composantes. Ex. : l'obscur *croque-monsieur* devient **croquemonsieur** ; remarquez que le sens originel n'est plus perçu non plus dans **arcbouter, boutentrain, saufconduit**.

3) Ces mots entrent dans une série de mots semblables. Ex. : on soude **portemonnaie** par analogie avec **portefeuille** ; on soude **bienaimé** par analogie avec **bienfait**.

Doit-on souder tous les mots avec *porte*-?

Non. La règle A5.1 touche un nombre limité de mots, bien ciblés par les spécialistes qui ont élaboré les rectifications. Les seuls mots avec **porte-** qui s'écrivent en un mot (souvent parce qu'ils existaient déjà sans trait d'union dans des dictionnaires) sont les suivants : **porteclé, portecrayon, portefaix, portefort, portemanteau, portemine, portemonnaie, porteplume, portevoix.**

Des rectifications sages

Rassurez-vous, il ne s'agit pas de faire disparaitre tous les traits d'union ! Un grand nombre de noms composés se construisent encore avec un trait d'union (▶▶ pages 30-31). Il n'est pas question de bousculer les habitudes des francophones.

Les *haut-* et les *bas-* de l'orthographe

Les mots construits avec **haut(e)-** et **bas(se)-** ne sont pas tous soudés. Ainsi, **hautparleur, hautefidélité, basfond, bassecour, bassefosse, bassetaille** sont soudés, mais pas **haut-alpin, haut-commissariat, bas-côté, bas-relief** ni **bas-ventre**. Comme il s'agit de listes limitées, de mots bien ciblés, le mieux est d'avoir sous la main la liste alphabétique la plus complète : le *Grand vadémécum de l'orthographe moderne recommandée*, vendu en librairie (▶▶ page 61).

🛡 RÈGLE A5.2

Le trait d'union est remplacé par la soudure dans les composés formés d'un verbe et du mot **tout**.

Ancienne orthographe	Nouvelle orthographe
un **fourre-tout**	un **fourretout**
un(e) **risque-tout**	un(e) **risquetout**
un **essuie-tout**, des **essuie-tout**	un **essuietout**, des **essuietouts**

⚠ Il n'y a aucune exception : on soude s'il s'agit d'un verbe suivi du mot **tout**. Remarquez que **un touche-à-tout** demeure inchangé, car il s'agit plutôt d'un verbe + préposition (**à**) + **tout**.

▶ **EXEMPLES DE MOTS RECTIFIÉS**

brisetout   mangetout   vatout

Le singulier et le pluriel sont réguliers

En devenant des mots simples (sans trait d'union), les noms touchés par la règle A5 suivent la règle générale du singulier et du pluriel : au singulier **un millepatte** (sans **s**, comme **un millefeuille**) et au pluriel avec un **s** à la fin du mot (**des millepattes, des potpourris, des plateformes, des sagefemmes, des mêletouts**, etc.).

En résumé

Un nombre limité de mots composés bien ciblés perdent leur trait d'union.

Ex. : bassecour, bienaimé, brisetout, chauvesouris, plateforme, potpourri, rondpoint, vanupied.

TRAIT D'UNION ET SOUDURE

Numéraux

☑ RÈGLE A6

Les numéraux composés sont systématiquement reliés par des traits d'union.

Ancienne orthographe	Nouvelle orthographe
dix-sept	dix-sept (inchangé)
vingt et un	vingt-et-un
mille deux cent vingt-neuf	mille-deux-cent-vingt-neuf
trois millions neuf cent douze	trois-millions-neuf-cent-douze

REMARQUE – L'écriture des fractions

En ancienne orthographe, *quarante et un tiers* pouvait avoir deux valeurs différentes : 40 + $\frac{1}{3}$ ou bien $\frac{41}{3}$. En nouvelle orthographe comme en ancienne orthographe, 40 + $\frac{1}{3}$ s'écrit **quarante et un tiers**, sans trait d'union, car « **et** » signifie ici « plus » : il ne fait pas partie du numéral. Par contre, $\frac{41}{3}$ s'écrit désormais **quarante-et-un tiers** : en effet, **quarante-et-un** est un numéral (41), la nouvelle orthographe met donc des traits d'union entre ses éléments.

De la même façon, on distingue en orthographe moderne :

$\frac{1120}{7}$ mille-cent-vingt septièmes
$\frac{1100}{27}$ mille-cent vingt-septièmes
$\frac{1000}{127}$ mille cent-vingt-septièmes
1127e   mille-cent-vingt-septième

Finies, les hésitations : des traits d'union partout !

Qui ne s'est jamais demandé où mettre des traits d'union au moment d'écrire un montant sur un chèque ? L'ancienne règle, compliquée, était injustifiable – d'où des pratiques largement aléatoires. Les rectifications de l'orthographe permettent une simplification radicale et rationnelle, puisque l'on met des traits d'union entre tous les éléments d'un numéral, sans aucune exception : la même règle s'applique que l'on écrive **dix-huit** (déjà *dix-huit* en ancienne orthographe), **cent-huit** (*cent huit* en ancienne orthographe), **soixante-**

Règles d'accord inchangées

Les règles d'accord des numéraux n'ont pas changé. Ainsi, **mille** est toujours invariable, et les mêmes règles continuent de s'appliquer à **vingt, cent, million, milliard**, etc. Pour rappel, **vingt** et **cent** prennent un **s** si et seulement si les deux conditions suivantes sont remplies : il doit y avoir plusieurs **vingts** ou plusieurs **cents** ; **vingt** ou **cent** doit être à la fin du numéral cardinal. Quant à **million, milliard, trillion**…, ils prennent un **s** s'il y a plusieurs **millions, milliards, trillions**…

trois-mille-cinq-cent-trente-deux (*soixante-trois mille cinq cent trente-deux* en ancienne orthographe), **un-million-cinq-cent-mille** (*un million cinq cent mille* en ancienne orthographe) ou **trois-milliards** (*trois milliards* en ancienne orthographe).

Que signifie «numéraux»?

Numéraux est le pluriel de *numéral*, un terme technique qui désigne un mot ou groupe de mots exprimant le nombre ou le rang. Par exemple, **trois-milliards-deux-cent-millions** est un numéral. On distingue les numéraux *cardinaux* (qui expriment le nombre : **deux-cents**) des numéraux *ordinaux* (qui expriment le rang : **deux-centième**). La règle du trait d'union s'applique à tous les numéraux : cardinaux et ordinaux.

Deux-centième, deux-centièmes, deux centièmes...

Ces trois façons d'écrire sont correctes... mais renvoient à des réalités différentes. Regardons-y de plus près. **Deux-centième**, c'est un numéral ordinal (200e) : on parlera par exemple du **deux-centième coureur** pour parler du coureur arrivé après les 199 premiers. **Deux-centièmes**, c'est la même chose, mais au pluriel (200es) : on parlera des **deux-centièmes coureurs** pour parler des coureurs qui seraient arrivés à égalité après les 199 premiers. Enfin, dans **deux centièmes** (qui correspond à $^2/_{100}$), **deux** est un numéral, distinct du mot **centièmes** qui le suit. Le terme **centième** est ici un nom fractionnaire, qui signifie « la centième partie » : il n'y a donc pas de raison de mettre de trait d'union entre ces deux éléments distincts – tout comme on ne met pas de trait d'union entre les éléments qui expriment la fraction **un tiers** ($^1/_3$), ou encore les fractions **trois quarts** ($^3/_4$) ou **cinq huitièmes** ($^5/_8$).

Trait d'union plutôt qu'espace...

Pour la petite histoire, sachez que les experts avaient hésité, initialement, entre proposer la règle que voici et la règle inverse (ne jamais mettre de trait d'union). Ils se sont décidés avec raison pour la règle selon laquelle on met des traits d'union partout : cela permet de mieux faire ressortir l'unité d'un numéral (on remarque immédiatement l'ensemble formé par les différents éléments reliés par des traits d'union), et cela permet, du même coup, d'utiles distinctions, par exemple entre **quarante-et-un tiers** ($^{41}/_3$) et **quarante et un tiers** ($40 + ^1/_3$).

En résumé

On met des traits d'union entre tous les éléments d'un numéral.

Ex. : trente-et-un, deux-mille, cinq-cent-deux, trois-millions.

Pluriel des noms composés

☑ RÈGLE B1.1

Les mots avec trait d'union composés d'une **forme verbale** et d'un **nom** (par exemple, **coupe-vent**) ont un singulier et un pluriel réguliers : lorsque le mot est au singulier, il ne prend aucune marque de pluriel ; lorsque le mot est au pluriel, il prend la marque du pluriel en fin de mot.

Ancienne orthographe	Nouvelle orthographe
un **chasse-neige**, des **chasse-neige**	un **chasse-neige**, des **chasse-neiges**
un **grille-pain**, des **grille-pain**	un **grille-pain**, des **grille-pains**
un **rase-mottes**, des **rase-mottes**	un **rase-motte**, des **rase-mottes**

⚠ Ne sont pas touchés les quelques mots composés dont le second élément contient un article (comme **trompe-l'œil**) ou commence par une majuscule (comme **prie-Dieu**), puisque ces mots composés ne remplissent pas les critères de la règle.

▶ **EXEMPLES DE MOTS RECTIFIÉS**

un abat-jour, des abat-jours
un brise-glace, des brise-glaces
un casse-tête, des casse-têtes
un chauffe-eau, des chauffe-eaux
un compte-goutte, des compte-gouttes
un cure-dent, des cure-dents
un essuie-glace, des essuie-glaces

un(e) garde-chasse, des garde-chasses
un gratte-ciel, des gratte-ciels
un(e) porte-parole, des porte-paroles
un(e) rabat-joie, des rabat-joies
un rince-bouche, des rince-bouches
un taille-crayon, des taille-crayons
un tue-mouche, des tue-mouches

Le singulier et le pluriel : comme pour les mots simples

Le singulier et le pluriel des mots composés posent souvent problème, surtout pour les noms de type « verbe + nom » (comme **essuie-main**) ou « préposition + nom » (comme **après-midi**). Il est tentant de vouloir leur donner un singulier et un pluriel qui découleraient du sens (en écrivant par exemple *un ramasse-miettes* parce que cet objet ramasserait plusieurs miettes). Pourtant, cela n'est ni satisfaisant, ni même logique, en dépit des apparences. En effet, un **ramasse-miette** est un objet unique, et les éléments qui composent ce mot ont perdu leur autonomie (au pluriel, on n'écrit pas « des ramass<u>ent</u>-miettes »). De plus, l'ancienne orthographe était pleine d'incohérences (**un cure-dent** mais *un cure-ongles* – et ce n'est qu'un exemple parmi tant d'autres). La nouvelle règle, elle, est limpide.

RÈGLES

🗹 RÈGLE B1.2

Les mots avec trait d'union composés d'une **préposition** et d'un **nom** (par exemple, **après-midi**) ont un singulier et un pluriel réguliers : lorsque le mot est au singulier, il ne prend aucune marque de pluriel ; lorsque le mot est au pluriel, il prend la marque du pluriel en fin de mot.

PLURIEL

Ancienne orthographe	Nouvelle orthographe
un(e) **après-midi**, des **après-midi**	un(e) **après-midi**, des **après-midis**
un **hors-jeu**, des **hors-jeu**	un **hors-jeu**, des **hors-jeux**
un(e) **sans-papiers**, des **sans-papiers**	un(e) **sans-papier**, des **sans-papiers**

⚠ Ne sont pas visés les quelques mots composés dont le second élément contient un article (comme **sans-le-sou**), puisque ces mots composés ne remplissent pas les critères de la règle.

▶ **EXEMPLES DE MOTS RECTIFIÉS**

un(e) après-midi, des après-midis
un après-rasage, des après-rasages
un après-ski, des après-skis
un(e) avant-midi, des avant-midis
un hors-bord, des hors-bords
un hors-jeu, des hors-jeux
un hors-série, des hors-séries

un hors-texte, des hors-textes
un(e) sans-abri, des sans-abris
un(e) sans-cœur, des sans-cœurs
un sans-faute, des sans-fautes
un sans-fil, des sans-fils
un sous-main, des sous-mains
un sous-verre, des sous-verres

Quel est le pluriel de *cheval* ?

Des chevaux. Les règles qui rectifient le pluriel ne concernent que des noms composés et les mots étrangers. Le pluriel de **cheval** n'a pas été changé : c'est toujours **chevaux**.

Un hors-jeu mais *un joueur hors jeu*

En résumé

Les rectifications orthographiques ne changent rien à la distinction entre **un hors-jeu** (« une faute ») et **un joueur hors jeu** (« un joueur fautif »). Dans le premier cas, on a affaire à un nom composé : il prend donc un trait d'union. Dans le second cas, il s'agit d'un groupe qui est complément du nom **joueur**, à la manière d'un adjectif. Ce groupe complément est composé de la préposition **hors** suivie d'un nom, comme dans **un joueur sans talent**, **un joueur de football** ou encore **un joueur hors du jeu** : il n'y a donc pas de trait d'union.

Les mots composés de type **coupe-vent** ou **après-midi** ont un singulier et un pluriel réguliers.

Ex. : un casse-noisette, des casse-noisettes ; un sans-cœur, des sans-cœurs.

■ PLURIEL

Pluriel des mots d'origine étrangère

☑ RÈGLE B2

Les mots empruntés à d'autres langues suivent les règles générales applicables en français pour le singulier et le pluriel.

Ancienne orthographe	Nouvelle orthographe
des **bosses** ou des **boss**	des **boss**
des **matches** ou des **matchs**	des **matchs**
des **spaghetti** ou des **spaghettis**	des **spaghettis**
des grandeurs **standard**	des grandeurs **standards**

⚠ Les mots ayant valeur de citation restent invariables. D'une façon générale, ils ne sont pas touchés par les rectifications orthographiques. Ainsi, la règle d'accentuation C4 non plus ne s'applique pas dans leur cas. On écrira, par exemple, **des *Pater*, des *requiem*.** Voyez les détails à la page 40. Note: dans la mesure du possible, il est préférable d'écrire ces mots en italique.

▶ **EXEMPLES DE MOTS RECTIFIÉS**

un gentleman, des gentlemans   un sandwich, des sandwichs
un jean, des jeans   un scénario, des scénarios
un macaroni, des macaronis   un stimulus, des stimulus
un mafioso, des mafiosos   une supernova, des supernovas
un maximum, des maximums   un vadémécum, des vadémécums
un média, des médias   un weekend, des weekends

Vous connaissez déjà cette règle !

La francisation du pluriel n'est pas un phénomène nouveau : vous écrivez probablement déjà selon l'orthographe moderne, de façon régulière, **des sandwichs** (au lieu du pluriel à l'anglaise *sandwiches*), **des maximums** (au lieu de la forme latine au pluriel *maxima*), **des raviolis** (qui ne prend pas de s en italien). Les dictionnaires donnent depuis très longtemps les pluriels francisés de ces mots, ce qui explique qu'ils nous sont déjà bien familiers.

Francisation du pluriel

Souvent, le singulier et le pluriel des mots « étrangers » (c'est-à-dire empruntés à d'autres langues, qu'il s'agisse de langues vivantes, du latin, du grec ancien…) sont sources d'interrogations, et il n'est même pas rare que l'on trouve des indications contradictoires d'un dictionnaire à l'autre. Globalement, deux principes s'affrontent : celui qui consiste à respecter la langue d'origine, dont l'application est en fait très problématique, et celui qui consiste à utiliser les règles françaises. C'est ce dernier principe, plus pratique, qui est recommandé par les rectifications orthographiques.

De l'italique pour l'exotique

Dans quelques cas très précis, on peut vouloir ne pas utiliser les règles françaises du singulier et du pluriel, par exemple parce que l'on emploie un mot très technique de façon ponctuelle ou parce que l'on veut expressément montrer qu'il s'agit d'un mot étranger et mettre en valeur son exotisme. La nouvelle règle ne l'interdit pas. Dans ce cas, on mettra le mot en question en italique pour souligner son caractère étranger et on conservera son orthographe d'origine.

Franciser un mot, c'est aussi le respecter

Appliquer les règles de l'orthographe française à un mot étranger employé en français, c'est tout simplement... le respecter. Si, logiquement, on écrit *conquistadores* dans un texte en espagnol, conformément à la règle générale applicable en espagnol, pourquoi ne serait-il pas tout aussi logique d'écrire **des conquistadors** dans un texte en français, conformément à la règle générale en français ? Par là même, on montre que l'on traite le mot comme n'importe quel autre, que l'on ne le discrimine pas. Et, du reste, la plupart des autres langues font de même avec les mots qu'elles-mêmes empruntent : par exemple, l'italien a emprunté au français le mot **brioche**, mais il le laisse invariable (en italien !) pour respecter les règles de l'orthographe italienne. Chaque langue a ses propres règles.

Quand un mot latin en cache un autre...

De très nombreuses personnes croient que l'on doit parler d'**un erratum** au singulier et d'*errata* au pluriel. En fait, il s'agit de deux mots distincts, que la nouvelle orthographe permet de distinguer très clairement à l'écrit : **un erratum**, **des erratums** ; **un errata**, **des erratas**. **Un erratum**, c'est une feuille sur laquelle est mentionnée une (et une seule) erreur. **Un errata**, c'est une feuille sur laquelle sont mentionnées plusieurs erreurs. Et, vous l'aurez deviné : **des erratums**, ce sont des feuilles sur lesquelles est mentionnée chaque fois une (et une seule) erreur ; **des erratas**, ce sont des feuilles sur lesquelles sont mentionnées chaque fois plusieurs erreurs.

En résumé

Les mots empruntés à une autre langue ont un singulier et un pluriel réguliers en français.

Ex. : des conquistadors, des lunchs, des minimums, des scénarios standards.

ACCENTS ET TRÉMA

Accent grave

RÈGLE C1

Devant une syllabe graphique contenant
un **e** instable (dit « **e** muet »), on écrit **è** et non **é**.

Ancienne orthographe	Nouvelle orthographe
événement	évènement
il cédera	il cèdera
aimé-je?	aimè-je?

⚠ • Les mots qui commencent par les préfixes **dé-** et **pré-** sont inchangés: **dégeler**, **préretraite**...
  • Les mots qui commencent par la lettre **é** sont inchangés: **édredon**, **élever**...
  • Les mots **médecin** et **médecine** sont inchangés.

Trois contextes pour è

Qu'est-ce qu'un « e muet » ?

On appelle « **e** muet » ou « **e** instable » la lettre **e** sans accent qui se prononce « **e** » ou qui ne se prononce pas. Le « **e** muet » ne se prononce donc jamais « **é** » ni « **è** ». Mais, à sa gauche, on rencontre souvent une syllabe contenant un « **è** ».
Ex. : **cèleri, règlement, piège, sèche, il sèchera, nous tolèrerons.**

Il y a trois contextes où le **é** doit se changer en **è**, par conformité avec la prononciation :

• dans des mots de vocabulaire où une erreur d'accent avait été commise à gauche d'un « **e** muet » dans les dictionnaires ;

• dans les verbes comme **céder** au futur et au conditionnel ;

• dans les cas d'inversion avec **-je** (rare).

Une pénurie d'accents graves en 1740 !

Le **è** était un caractère rare avant 1740, mais il fut soudainement très utilisé dans le nouveau *Dictionnaire* de l'Académie française. En effet, l'Académie a procédé à une modernisation cette année-là en remplaçant *piége* par **piège**, *collége* par **collège**, etc. L'objectif était de rectifier des accents aigus qui ne correspondaient plus à la prononciation. À cette époque, les traitements de texte n'existaient pas : les imprimeurs utilisaient des caractères en plomb. On raconte qu'il y a eu une pénurie d'accents graves à l'imprimerie. Ainsi, les exemples sous le mot **père** auraient été écrits *pére* (avec accent aigu) dans le dictionnaire, à défaut d'accents graves disponibles ! Cette mésaventure a engendré diverses anomalies sur les accents, que nous ressentons encore aujourd'hui. Heureusement que les rectifications orthographiques réparent ces erreurs humaines et techniques, qui persistaient sur plusieurs mots depuis près de 300 ans...

 RÈGLE C1.1

On répare l'accent défectueux en écrivant **è** au lieu de **é** dans des mots comme **évènement, règlementaire, crèmerie,** sur le modèle de **avènement, règlement, crème.** Cette rectification est requise puisque l'on doit bel et bien prononcer « **è** » (et non « **é** ») devant une syllabe contenant un « **e** muet » (sauf pour les quelques exceptions déjà indiquées).

▶ **EXEMPLES DE MOTS RECTIFIÉS**

allègement	cèleri	évènement	règlementer
assèchement	crèmerie	pècheresse	sècheresse

RÈGLE C1.2

Au futur et au conditionnel, les verbes du type **céder** s'écrivent avec un accent grave : **elle cèderait,** sur le modèle de **elle lèverait.**

▶ **EXEMPLES DE MOTS RECTIFIÉS**

espérer :	il espèrera, elle espèrerait	répéter :	elle répètera, il répèterait
libérer :	il libèrera, elle libèrerait	sécher :	elle sèchera, il sècherait
régler :	il règlera, elle règlerait	succéder :	elle succèdera, il succèderait

Qu'est-ce qu'un « *verbe* du type *céder* » ?

Les verbes comme **céder** sont ceux qui ont un accent aigu à l'avant-dernière syllabe de leur infinitif : **sécher, espérer, digérer, aérer,** etc. Au présent, ils prennent un accent grave : **il sèche, on espère, elle digère, il aère.** Au futur simple et au conditionnel présent, l'orthographe moderne leur met aussi un accent grave, en conformité avec la prononciation : **il sèchera, on espèrerait, elle digèrera, il aèrerait.**

En résumé

On remplace **é** par **è** pour que le mot soit conforme à la prononciation lorsque la syllabe qui suit contient un « **e** muet ».

Ex. : crèmerie, évènement, règlementation, tu suggèreras, il protègerait.

RÈGLE C1.3

Dans les inversions interrogatives avec **-je**, les verbes se terminant par **e** portent un accent grave au lieu d'un accent aigu. Notez que ces inversions sont assez rares.

▶ **EXEMPLES DE MOTS RECTIFIÉS**

aimer :	aimè-je	devoir :	dussè-je
chanter :	chantè-je	être :	fussè-je
avoir :	eussè-je	pouvoir :	puissè-je, pussè-je

■ ACCENTS ET TRÉMA

Accent circonflexe

☑ RÈGLE C2

L'accent circonflexe disparait sur les lettres **i** et **u**.

Ancienne orthographe	Nouvelle orthographe
maîtresse	maitresse
il plaît	il plait
août	aout
sûrement	surement

⚠ L'accent circonflexe est maintenu :
- dans les terminaisons verbales du passé simple (**nous vîmes**, **vous lûtes**) et du subjonctif (**qu'il partît**, **qu'elle bût**) ;
- dans **jeûne(s)** ;
- dans les masculins singuliers **dû**, **mûr**, **sûr** ;
- dans certaines formes de **croitre** (**crois, croît, crûs, crût, crû**…) pour éviter qu'elles se confondent avec celles de **croire**.

▶ EXEMPLES DE MOTS RECTIFIÉS

abime	fraicheur	de surcroit	envoutant
ainé	gite	surentrainer	envoutement
apparaitre	huitre	traineau	flute
boite	ile	trainer	flutiste
boitier	ilot	traitre	fut (vin en fut)
chaine	maitre	traitresse	gout
ci-git	maitrise	transparaitre	gouter
comparaitre	maitriser	à l'affut	indument
connaitre	naitre	aout	tu jeunais
croitre	ouvre-boite	assidument	ils jeunent
nous croitrons	ouvre-huitre	bruler	jeuner
il décroit	paitre	brulure	nous jeunons
défraichi	paraitre	buche	une mure
elle déplait	il parait	casse-croute	des fruits murs
diner	s'il vous plait	cout	murir
emboiter	presqu'ile	couter	piqure
enchainer	rafraichir	croute	ragout
entrainer	rafraichissant	crouton	se souler
entraineur	réapparaitre	crument	une valeur sure
épitre	recomparaitre	dégout	surement
fraiche	reconnaitre	dument	voute

ACCENTS ET TRÉMA

Un accent injustifié

Non seulement l'emploi de l'accent circonflexe en français pose problème à beaucoup de personnes, mais, contrairement à une croyance largement répandue, il est difficilement justifiable sur le plan historique. En effet, on dit que cet accent serait issu de la disparition d'une lettre ; pourtant, de très nombreux mots ne comportent pas d'accent circonflexe alors même qu'ils ont perdu un **s**. À l'inverse, dans quelques cas, le circonflexe semble sorti de nulle part (▶▶ page 11). Étant donné que, sur les lettres **i** et **u**, il apporte rarement une distinction de prononciation (comparez *connaît* et **connais**, *bûche* et **ruche**, *indûment* et **éperdument**), les rectifications de l'orthographe le suppriment.

Dû, mûr et sûr

En ancienne orthographe comme en nouvelle orthographe, l'adjectif **dû** prend un accent au masculin singulier, et uniquement dans ce cas : **le montant dû**, mais **les sommes dues**. Désormais, il en va de même pour les adjectifs **mûr** et **sûr** : **un citron mûr**, **un vélo sûr**, mais **une orange mure**, **des bicyclettes sures**.

Et les Benoît de Nîmes ?

D'une façon générale, les noms propres ne sont pas touchés par les rectifications orthographiques. On continue donc d'écrire **Nîmes** avec un accent circonflexe ; il en va de même pour les dérivés : **une rue nîmoise**. Le nom propre **Benoît** garde, lui aussi, son accent circonflexe. Notez toutefois que **Benoit**, sans accent, existe aussi – et cela depuis bien avant la nouvelle orthographe.

En résumé

L'accent circonflexe disparait sur les lettres **i** et **u**.

Ex. : parait, connait, boite, rafraichissant, envouter, gout, piqure.

■ ACCENTS ET TRÉMA

Tréma

☑ RÈGLE C3.1

Le tréma est déplacé sur la lettre **u** qui correspond à un son dans les suites **-güe-** et **-güi-**.

| guë | ➡ | güe |
| gui | ➡ | güi |

Ancienne orthographe	Nouvelle orthographe
voix aiguë	voix aigüe
propositions ambiguës	propositions ambigües
désambiguïser	désambigüiser

▶ **EXEMPLES DE MOTS RECTIFIÉS**

aigu, aigüe	une ambigüité
ambigu, ambigüe	une cigüe
contigu, contigüe	une contigüité
exigu, exigüe	une exigüité
subaigu, subaigüe	une désambigüisation
suraigu, suraigüe	désambigüiser, je désambigüise…
bégu, bégüe (mot rare)	une besaigüe (mot rare)

Le déplacement du tréma

Réjouissez-vous : ce qui a longtemps été considéré comme une erreur (alors même que c'était plus logique) est désormais recommandé ! Les rectifications introduisent une plus grande logique en ce qui concerne la place du tréma, puisque, lorsqu'il se trouvait sur **e** ou sur **i** dans les groupes de lettres **-gue-** ou **-gui-**, il est désormais placé sur la lettre prononcée, c'est-à-dire le **u**.

Une règle plus logique

On a longtemps entendu (et on entend hélas encore…) que le tréma doit se placer « sur la deuxième voyelle ». C'est vrai pour **maïs**. C'était vrai en ancienne orthographe pour *aiguë*. Personne ne doutait de la place du tréma dans le mot **maïs** ; cependant, on voyait très souvent **aigüe**. La raison est simple : instinctivement, beaucoup de gens avaient bien compris que le tréma sert à « séparer » une lettre d'une autre. Dans **maïs**, le tréma « sépare » le **i** du **a** : sans lui, ces deux lettres (**ai**) se prononceraient « **è** ». Le fait que **a** et **i** soient deux voyelles n'est qu'un hasard.

Dans **aigüe**, les deux lettres à « séparer » sont le **g** (qui n'est pas une voyelle) et le **u** : il est donc normal – logique ! – que l'on mette le tréma sur le **u**, et non sur le **e** (que l'on ne prononce pas, d'ailleurs). Vous avez là une très bonne idée des principes de cohérence et d'uniformité qui animent les rectifications de l'orthographe.

☑ RÈGLE C3.2

Le tréma est ajouté dans quelques mots pour éviter des prononciations jugées fautives.

Ancienne orthographe	Nouvelle orthographe
gageure	gageüre
arguer	argüer
j'argue ou j'arguë	j'argüe
nous arguons	nous argüons

▶ EXEMPLES DE MOTS RECTIFIÉS

argüer, j'argüe, nous argüons…	une envergeüre (mot rare)
argüant, argüé, vous argüiez…	une mangeüre (mot rare)
une gageüre	une renvergeüre (mot rare)
une bringeüre (mot rare)	une rongeüre (mot rare)
une égrugeüre (mot rare)	une vergeüre (mot rare)

Ajoute-t-on des trémas partout ?

Non, les rectifications n'ajoutent pas des trémas partout. Des mots comme **aiguille** ou **multilinguisme** continuent de s'écrire sans tréma ; ils n'ont jamais posé de problèmes de prononciation. Un tréma n'est ajouté que dans un nombre très limité de cas. Voyez, dans les exemples ci-dessus, la liste complète des mots auxquels un tréma a été ajouté parce que beaucoup de gens hésitaient sur leur prononciation. Ainsi, **gageüre** (qui s'écrivait *gageure* en ancienne orthographe) rime avec **parjure** : le **u** doit être prononcé, ce que confirme le tréma.

En résumé

Le tréma est déplacé sur la lettre **u** qui correspond à un son dans les suites **-güe-** et **-güi-**. De plus, il est ajouté dans quelques mots.

Ex. : contigüe, exigüité, gageüre.

■ ACCENTS ET TRÉMA

Accents sur les mots d'origine étrangère

☑ RÈGLE C4.1

Pour l'accentuation, les mots empruntés suivent la règle des mots français. On met donc un accent sur les **e** qui se prononcent « **é** » dans les mots d'origine étrangère qui n'en avaient pas.

Ancienne orthographe	Nouvelle orthographe
revolver	révolver
scenario	scénario
tequila	téquila

⚠ Quelques mots étrangers gardent une valeur de citation. C'est le cas notamment de mots qui désignent une prière latine, et dont l'orthographe correspond au premier mot dit en latin lorsque l'on récite cette prière. Dans ce cas, on doit respecter l'orthographe du latin (donc pas d'accent) : le mot est en quelque sorte un « extrait » de la prière latine. On le met d'ailleurs souvent en italique et on le laisse invariable.

Par exemple, le mot **requiem** est le premier mot latin de la prière *Requiem œternam dona eis* (« donnez-leur le repos éternel »). On écrira : **chanter deux requiem**, de même que **réciter un *Confiteor*, dire le *Credo*** (la majuscule et l'italique sur le nom de prière sont souvent employés).

Notez que certains de ces mots ont pris une extension de sens : **crédo** peut aussi signifier « ensemble de principes sur lesquels on fonde sa conduite ». Dans ce sens, on peut se permettre de franciser (orthographe moderne), comme le précise le *Petit Robert* : **exposer son crédo politique, des crédos**.

▶ EXEMPLES DE MOTS RECTIFIÉS

allégro	égo	pizzéria	sombréro
artéfact	guérilléro	placébo	téquila
bélouga	imprésario	référendum	toréro
biodiésel	média	révolver	trémolo
cafétéria	mémento	sénior	vadémécum
diésel	modérato	séquoia	véto

La nouvelle orthographe n'est pas toujours nouvelle

Le fait de franciser des mots étrangers en ajoutant un accent aigu sur le **e** n'est pas nouveau. On écrit depuis longtemps **cafétéria** avec deux accents (au lieu des anciennes formes *cafeteria* ou *caféteria*), les dictionnaires

RÈGLES

ACCENTS ET TRÉMA

donnent toujours **référendum** avec des accents, etc. Le processus de francisation et d'intégration des accents français dans les mots d'origine étrangère est un processus normal, évolutif, et présent dans les dictionnaires depuis longtemps. Les mots empruntés s'adaptent au français : on les francise lorsqu'on les adopte !

Quelques mots d'origine française sont aussi en manque d'accents

Les rectifications orthographiques régularisent aussi quelques mots français (non empruntés) qui avaient un accent manquant. Par exemple, *assener* s'écrit maintenant **asséner**, puisque le **e** se prononce toujours « **é** ». Il lui manquait son accent. Voyez à ce sujet la règle F3 (▶▶ page 48).

☑ RÈGLE C4.2

On ajoute l'accent grave dans les quelques mots d'origine étrangère où il manquait.

a ➡ à
e ➡ è

Ancienne orthographe	Nouvelle orthographe
chanter a cap(p)ella	chanter à capella
jugement a priori	jugement à priori
grand condottiere	grand condottière

▶ EXEMPLES DE MOTS RECTIFIÉS

à capella	à fortiori	condottière	limès
à contrario	à maxima	faciès	saccaromycès

Écrire *apriori* ou *à priori* ?

La règle A4.2 (▶▶ page 25) recommande la soudure dans les mots étrangers. Ainsi, lorsqu'il s'agit d'un nom commun, on écrira en un mot : **un apriori**, **des aprioris** ; **un aposteriori**, **des aposterioris**. Mais, lorsqu'il s'agit de la locution **à priori** ou **à postériori** qui s'ajoute à un verbe, on mettra un accent grave sur le **à** pour le traiter comme une préposition introduisant un complément : **juger à priori**, sur le modèle de **juger à moitié**. On fera de même pour le complément du nom : **des connaissances à postériori**, par analogie avec **des connaissances à jour**. Vous avez là encore un bel exemple où la nouvelle orthographe est cohérente et apporte une plus grande précision.

En résumé

Les mots empruntés à d'autres langues prennent les accents français.

Ex. : à postériori, diésel, média, pizzéria, placébo, sombréro, droit de véto.

CONSONNES DOUBLES

Verbes en *-eler* et en *-eter*

☑ RÈGLE D1

Les verbes terminés à l'infinitif par **-eler** se conjuguent sur le modèle de **geler**, et les verbes terminés à l'infinitif par **-eter** se conjuguent sur le modèle de **acheter**. Les dérivés en **-ment** s'alignent sur l'orthographe du verbe.

| elle ➡ èle |
| ette ➡ ète |

Ancienne orthographe	Nouvelle orthographe
on chancelle	on chancèle
il époussette	il époussète
renouvellement	renouvèlement

⚠ Les verbes **appeler** et **jeter** ne changent pas leur conjugaison : **j'appelle, je jette, elle appellera, il jettera**. Il en va de même pour les verbes de leurs familles (y compris **interpeler**).

▶ **EXEMPLES DE MOTS RECTIFIÉS**

décacheter :	je décachète, elle décachètera, il décachèterait
déchiqueter :	je déchiquète, elle déchiquètera, il déchiquèterait
déniveler :	je dénivèle, elle dénivèlera, il dénivèlerait
ensorceler :	j'ensorcèle, elle ensorcèlera, il ensorcèlerait
épeler :	j'épèle, elle épèlera, il épèlerait
étiqueter :	j'étiquète, elle étiquètera, il étiquèterait
ficeler :	je ficèle, elle ficèlera, il ficèlerait
harceler :	je harcèle, elle harcèlera, il harcèlerait
morceler :	je morcèle, elle morcèlera, il morcèlerait
renouveler :	je renouvèle, elle renouvèlera, il renouvèlerait

Les noms en *-ment*

Seuls les noms dérivés en **-ment** s'alignent sur l'orthographe du verbe. On écrit ainsi **renouvèlement** de la même façon que **il renouvèle**. Les autres dérivés conservent leur orthographe ; on continue donc d'écrire **une étiquette, un déchiquetage, des jumelles, un attelage** (mais **j'étiquète, je déchiquète, je jumèle, j'attèle**).

amoncèlement	dénivèlement	morcèlement
chancèlement	ensorcèlement	renouvèlement
cliquètement	étincèlement	ruissèlement

Deux modèles traditionnels, des hésitations et des contradictions

Longtemps, la conjugaison des verbes se terminant à l'infinitif par -**eler** ou -**eter** a été un casse-tête pour tout le monde : enseignants, élèves, et bien au-delà. Il existait deux modèles de conjugaison (**je pèle** ou *je nivelle* ; **j'achète** ou *je décachette*) et, puisque beaucoup de ces verbes sont peu fréquents, l'hésitation était monnaie courante. Mais il y avait bien pire : il n'était même pas rare que les dictionnaires se contredisent entre eux ! La nouvelle règle est simple, claire, et ne demande qu'un effort de mémorisation minime.

Interpeler

Le verbe **interpeler** s'écrivait avec deux **l** en ancienne orthographe (*interpeller*), mais, depuis longtemps déjà, il rime avec **appeler** (et non avec **exceller**). Aussi, en orthographe moderne, on considère qu'il fait partie de la famille de **appeler**. On écrit donc **j'interpelle** (comme **j'appelle**), **nous interpelons** (comme **nous appelons**).

Déplacer des exceptions ?

C'est vrai, cette règle maintient deux exceptions (**appeler** et **jeter**, ainsi que leurs composés). Peut-on en déduire que les rectifications de l'orthographe « ne font que déplacer les exceptions », comme le prétendent des mauvaises langues ? Certainement pas ! Si deux exceptions ont été maintenues, c'est parce que ces deux verbes – très courants – ne semblaient pas vraiment poser problème ; vous-même sans doute n'aviez jamais douté de la façon dont il faut conjuguer **appeler** ou **jeter**, alors même que cela vous aurait paru bien plus embarrassant avec des verbes comme **capeler**, **caqueter** ou encore **riveter**... Il s'agissait donc de mettre de l'ordre là où régnait la confusion – et certainement pas d'introduire le doute là où il n'existait pas ! Évidemment, il n'est pas impossible que, d'ici quelques décennies, **appeler** et **jeter** soient ressentis comme de véritables exceptions ; à ce moment-là, il sera toujours temps pour les enfants de vos enfants de songer à de nouvelles rectifications de l'orthographe...

En résumé

Les verbes en -**eler** et en -**eter** se conjuguent comme **geler** et **acheter**. Leurs dérivés en -**ment** s'alignent.

Ex. : elle feuillète, il ruissèle, on nivèlera, nivèlement.

CONSONNES DOUBLES

Simplification des consonnes

☑ RÈGLE D3.1

Les mots anciennement en **-olle** et leurs dérivés s'écrivent avec une consonne simple : **-ole**.

olle ➡ ole

Ancienne orthographe	Nouvelle orthographe
corolle	corole
fumerolle	fumerole
fumerollien, fumerollienne	fumerolien, fumerolienne

⚠ Les mots **colle**, **folle** et **molle** (mots d'une seule syllabe bien implantés dans l'usage) continuent de s'écrire avec deux **l**, de même que leurs composés.

▶ **EXEMPLES DE MOTS RECTIFIÉS**

barcarole	girole	mariole
corolaire	guibole	muserole

Une bestiole et des moucheroles sur une corole

Pourquoi les mots **bestiole**, **babiole**, **école** prenaient-ils un seul **l**, alors que **corole**, **moucherole**, **barcarole** en prenaient traditionnellement deux ? Il n'y avait pas d'explication logique : il fallait apprendre leur orthographe par cœur. Grâce aux rectifications orthographiques, on a une série très régulière de mots en **-ole** puisque l'on écrit maintenant avec une consonne simple la majorité de ces mots.

☑ RÈGLE D2

On emploie une consonne simple (et non double) après le son « e ».

Une consonne qui suit le son « **e** » doit être simple. En effet, si la consonne est double (ex. : **belle**, **cette**, **verre**), on prononce alors le **e** de gauche comme un « **è** ». C'est un des principes du français écrit. Par exemple, **chandelier** (un seul **l**) rime avec **atelier**, mais **chandelle** rime avec **belle**.

Les anciennes graphies *dentellier*, *prunellier*, *interpeller* n'étaient pas conformes à la prononciation (le **e** doit se prononcer « **e** »). Un **l** était de trop dans ces mots. On a maintenant **dentelier/dentelle**, **prunelier/prunelle**, sur le modèle de **chandelier/chandelle**, **chamelier/chamelle**. Le féminin **dentelière** prend

aussi un seul **l** (comme **chamelière**). Et, en conformité avec la prononciation, on écrit maintenant **interpeler** comme **appeler** : **interpeler**, **nous interpelons**, **il interpelait**, **vous interpeliez**, mais **j'interpelle** (comme **j'appelle**).

Selon le *Petit Robert*, on peut prononcer de deux façons les mots **lunetier** et **allumetier**. Si l'on prononce « **e** » (ou que le **e** est muet), la consonne simple est obligatoire : **lunetier**, **allumetier**, comme **noisetier**. Si l'on veut prononcer plutôt « **è** » ou « **é** », on écrit alors : **lunettier**, **allumettier**.

RÈGLES

CONSONNES DOUBLES

✓ RÈGLE D3.2

Les verbes anciennement en **-otter** et leurs dérivés s'écrivent avec une consonne simple : **-oter**.

otter ➡ oter

Ancienne orthographe	Nouvelle orthographe
frisotter	frisoter
grelotter	greloter
grelottement	grelotement

⚠ Les verbes en **-otter** qui sont de la même famille qu'un nom en **-otte** continuent de s'écrire avec deux **t**, de même que les autres mots de leur famille. Par exemple, **menotter** garde ses deux **t**, parce qu'il vient du mot **menotte**. De même, **botter** vient de **botte**, **flotter** et **flottement** viennent de **flotte**, donc ils conservent leurs deux **t**.

▶ EXEMPLES DE MOTS RECTIFIÉS

ballotage	cachoterie	garroter
ballotement	cachotier	greloter
balloter	dansoter	mangeoter
bouloter	frisotis	margoter

Le suffixe diminutif *-oter*

Plusieurs verbes en **-oter** ont un sens diminutif : **siffloter**, **neigeoter**, **nageoter**, **toussoter**. De même : **dansoter** (danser un peu), **mangeoter** (manger sans appétit), **pleuvoter** (pleuvoir légèrement), **frisoter** (friser en petites boucles). Si les quatre premiers verbes s'écrivaient déjà avec un seul **t**, les quatre autres, au contraire, en prenaient deux. Ce n'était pas uniforme. En orthographe moderne, on écrit avec une consonne simple tous les verbes qui ont ce suffixe diminutif **-oter**.

Maffia ou *mafia*, *sniffer* ou *snifer* ?

D'autres mots peuvent s'écrire, selon les dictionnaires, avec une consonne simple ou double. Par exemple, il est permis d'écrire *piccolo* ou **picolo**, *maffioso* ou **mafioso**, et aussi *sniff !* ou **snif !** En orthographe moderne, il est recommandé de choisir la consonne simple si les deux graphies sont déjà admises. Vous verrez en détail (▶▶ pages 50-51) les recommandations générales lorsque deux formes coexistent.

En résumé

Les mots en **-ole** et en **-oter** prennent une consonne simple, de même que quelques autres mots.

Ex. : moucherole, mangeoter, cachoter, cachoterie, dentelière.

ANOMALIES

Anomalies rectifiées

🗹 RÈGLE F1
Les incohérences de certaines familles de mots sont rectifiées.

Ancienne orthographe	Nouvelle orthographe
bonhomme, bonhomie souffler, boursoufler imbécile, imbécillité	bonhomme, bonhommie souffler, boursouffler imbécile, imbécilité

▶ **EXEMPLES DE MOTS RECTIFIÉS**

bonhommie	chaussetrappe	déciller	persiffler
boursoufflure	combattif	embattre	prudhommie
charriot	combattivité	innommé	ventail

Uniformiser des familles

On observait parfois des incohérences à l'intérieur d'une même famille de mots. Il était illogique, par exemple, que *chariot* prenne un seul **r**, alors que les mots de sa famille (**charrette, charrue, charroyer**, etc.) en prenaient deux. De même, pourquoi avait-on **combattre, combattant**, mais *combativité* avec un seul **t**? Pourquoi **ventail**, qui vient de **vent**, s'écrivait-il avec un **a** en ancienne orthographe (*vantail*)? C'était bien malheureux. Les rectifications orthographiques ont éliminé quelques exceptions injustifiées au sein d'une même famille.

🗹 RÈGLE E
Le participe passé de *laisser* suivi d'un infinitif ne s'accorde pas.

L'accord du participe passé du verbe **laisser** suivi d'un infinitif était hésitant: certaines grammaires permettaient de l'accorder, d'autres indiquaient de le laisser invariable.

En revanche, le participe passé du verbe **faire** était toujours invariable devant l'infinitif, peu importe que le participe soit conjugué avec **avoir** ou qu'il soit en contexte pronominal.

Les rectifications de l'orthographe uniformisent la règle d'accord du participe passé de ces deux verbes.

Les participes passés **laissé** et **fait** sont invariables s'ils sont suivis d'un verbe à l'infinitif: **les fleurs que j'ai laissé pousser**, comme on avait déjà **les fleurs que j'ai fait pousser**; **ils se sont laissé tomber par terre**, comme **ils se sont fait tomber par terre**.

RÈGLES

🗹 RÈGLE F2

Quelques autres anomalies sont rectifiées, notamment des incohérences dans certaines séries de mots semblables.

ANOMALIES

Ancienne orthographe	Nouvelle orthographe
elle est dissoute, il est dissous	elle est dissoute, il est dissout
il s'assoit, il s'assoira, asseoir	il s'assoit, il s'assoira, assoir
rognon, oignon	rognon, ognon

▶ **EXEMPLES DE MOTS RECTIFIÉS**

absout, absoute	douçâtre	monosaccaride	rassoir
des appâts	exéma	nénufar	relai
cuisseau	guilde	ognon	saccarine

Uniformiser des séries

Certaines séries de mots étaient incohérentes. Pour les petits animaux, on écrit **lionceau**, **baleineau**, alors pourquoi écrivait-on *levraut* au lieu de **levreau** ? Pourquoi **balayer** donne le nom **balai**, mais **relayer** donnait *relais* plutôt que **relai** ? Pourquoi écrire *eczéma* (le **c** se prononce « **g** »), alors que l'on écrit **exécuter** ? On écrivait logiquement **ognon** autrefois, comme on écrit **rognon** et **trognon**. Puis **ognon** a disparu des dictionnaires par erreur. Les rectifications redonnent vie à **ognon**, plus conforme à la prononciation. Pourquoi écrire *asseoir*, mais **je m'assois** ? L'orthographe se régularise ; ce phénomène est tout à fait normal. Quelques autres anomalies sont rectifiées : **saccarine** et sa famille s'écrivent sans h, **douçâtre** prend la place de *douceâtre*, **guilde** remplace *ghilde*, etc.

Supprime-t-on toutes les exceptions ?

Non. Les rectifications sont sages et limitées, sans bouleverser les habitudes d'écriture. Pour tous les détails, reportez-vous au livre de référence *Grand vadémécum de l'orthographe moderne recommandée* (liste la plus complète, ⏵⏵ page 61).

Qu'arrive-t-il aux *ph* ?

Le mot **nénufar** vient de l'arabe, et c'est avec raison qu'il s'écrivait avec un **f**... jusqu'en 1935. C'est par erreur qu'il s'est retrouvé avec un **ph** grec ! Cette erreur vient d'être réparée, par respect pour l'origine du mot. Mais tous les autres mots ayant un **ph** le conservent : **éléphant**, **pharmacie**, **philosophie** continuent de s'écrire avec **ph**.

En résumé

Le participe passé **laissé** est invariable devant un infinitif.
Ex. : Je les ai laissé dormir.

Certaines anomalies sont corrigées.
Ex. : charriot, combattif, assoir, levreau.

ANOMALIES

Accents oubliés, mots en *-illier* ou en *-illière*

☑ RÈGLE F3

Un accent est ajouté dans quelques mots du français où il avait été oublié ou dont la prononciation a changé.

Ancienne orthographe	Nouvelle orthographe
reclusionnaire (toujours prononcé « ré- »)	**réclusionnaire** (toujours prononcé « ré- »)
féerie (prononcé « fé- » ou prononcé « fé-é- »)	**féerie** (prononcé « fé- ») ou **féérie** (prononcé « fé-é- »)
gobeleterie (toujours prononcé « -lè- »)	**gobelèterie** (toujours prononcé « -lè- »)

▶ **EXEMPLES DE MOTS RECTIFIÉS**

vilénie ou **vilenie**, selon la prononciation   **asséner**
gangréner ou **gangrener**, selon la prononciation   **québécois**
papèterie ou **papeterie**, selon la prononciation   **gélinotte**

Harmoniser l'emploi des accents

La règle F3 ajoute des accents aigus ou graves à des mots français qui n'en avaient pas, mais qui auraient dû en avoir pour que leur orthographe soit conforme à la bonne prononciation. Les rectifications orthographiques ont mis en place deux autres règles concernant l'accent aigu et l'accent grave : la règle C1 modifie les **é** impertinents devant une syllabe muette pour les changer en **è** (**règlementation**, **cèdera**, ▶▶ pages 34-35), et la règle C4 ajoute des accents à des mots étrangers qui n'en avaient pas dans leur langue d'origine (**pizzéria**, **toréro**, ▶▶ pages 40-41).

Orthographe et prononciation en contradiction

Un accent manquait sur quelques mots français. Par exemple, les anciennes formes *assener, gelinotte, quebecois, refréner* ont besoin d'un accent aigu pour devenir conformes à leur prononciation, puisque le **e** doit toujours se prononcer « **é** ». On les écrit maintenant **asséner**, **gélinotte**, **québécois**, **référer**. De leur côté, **louvèterie** et **gobelèterie** sont maintenant dotés de l'accent grave qui leur manquait, ce qui permet de bien indiquer le son « è ». Notez que très peu de mots français sont touchés par ce problème d'accent manquant.

Deux prononciations, au choix

Certains mots français ont deux prononciations possibles : **féerique** ou **féérique**, **receler** ou **recéler**, **papeterie** ou **papèterie**, **parqueterie** ou **parquèterie**. L'orthographe moderne permet d'accentuer ces mots conformément à la prononciation choisie. Selon la façon dont vous prononcez ces mots, vous leur ajouterez ou non un accent à l'écrit.

☑ RÈGLE F4

Les finales **-illier** et **-illière** sont remplacées par **-iller** et **-illère** lorsque le **i** qui suit les deux **l** ne s'entend pas.

-illier ➡ -iller
-illière ➡ -illère

Ancienne orthographe	Nouvelle orthographe
joaillier, joaillière	joailler, joaillère
marguillier, marguillière	marguiller, marguillère
serpillière	serpillère

⚠ Les noms d'arbres et de plantes conservent leur finale en **-ier**, par uniformité avec d'autres noms d'arbres ou d'arbustes comme **pommier**, **prunier**, **genévrier**, **abricotier**. Ainsi, on conservera la finale avec **-illier** dans **groseillier**, **mancenillier**, **sapotillier**, **vanillier** : ces mots ne sont pas modifiés.

Notez que le mot **millier** n'est pas touché par cette règle, puisque le deuxième **i** s'entend : on doit le prononcer (et l'écrire).

▶ **EXEMPLES DE MOTS RECTIFIÉS**

aiguiller	marguiller	quiller
coquiller	médailler	quincailler
joailler	ouillère	serpillère

Joailler rime avec *conseiller*

La règle F4 met fin à des hésitations sur la prononciation de certains mots. L'ancienne graphie *joaillier* avait tendance à être prononcée à tort comme **millier**, alors qu'elle rime avec **conseiller**. L'hésitation disparait quand on écrit ce mot en orthographe moderne : **joailler**.

En résumé

Un accent manquant est ajouté dans quelques mots français.
Ex. : asséner, marquèterie.

Le dernier **i** disparait dans **-illier** et **-illière** s'il ne s'entend pas.
Ex. : quincailler, serpillère.

RECOMMANDATIONS

Recommandations générales

📋 RÈGLE G

Il est recommandé, lorsque plusieurs formes sont en usage, de privilégier la graphie qui est la plus simple (graphie sans accent circonflexe, forme en **n** simple, pluriel régulier, etc.) ou qui est la plus proche de l'orthographe française. Par exemple, entre **allo** et *allô* (les deux variantes coexistent), on donnera la préférence à **allo** ; entre **gourou** et *guru*, on préfèrera **gourou** ; entre **estrogène** et *œstrogène*, on préfèrera **estrogène** puisque les deux formes sont dans des dictionnaires et que la prononciation est la même.

On recommande aux créateurs de mots et aux auteurs de dictionnaires de franciser, dans la mesure du possible, les mots empruntés, en les adaptant au système graphique du français (ex. : **débatteur, musli, hachich** plutôt que *haschisch*).

Ancienne orthographe	Nouvelle orthographe
acuponcture ou **acupuncture** (prononcé «-pon-»)	acuponcture
iglou ou **igloo** (prononcé «-ou»)	iglou
un sprinteur ou **un sprinter** (prononcé «-eur»)	un sprinteur

▶ **EXEMPLES DE MOTS RECTIFIÉS**

allo !	fiord	rapsodie	squatteur
acuponcture	globetrotteur	rockeur	taliatelle
babyboumeur	gourou	sanscrit	tchao !
cacahouète	mafia	shampoing	thrilleur
cleptomane	mafioso	shampouiner	yidiche
estrogène	pouding	snif !	yogourt

Franciser en *-eur* les noms empruntés en *-er*

Les recommandations aux lexicographes préconisent de franciser en **-eur** les terminaisons étrangères en **-er** lorsqu'elles se prononcent «**eur**» ou lorsqu'il existe un verbe de même forme qu'un nom en **-er**. On francise, peu importe si la forme en **-eur** coexiste déjà ou non. Par exemple, plutôt que d'écrire *un rocker, un squatter*, on écrit **un rockeur, un squatteur** (et la confusion avec le verbe **squatter** disparait).

Peut-on écrire n'importe quel mot « à la française » ?

Non. On choisit d'écrire **iglou** au lieu de *igloo* parce que les deux formes coexistaient dans les dictionnaires. Mais on ne remplace pas tous le **oo** par **ou** : on n'écrira pas **football** avec **ou**, sous prétexte de vouloir le franciser. De même, on favorise **cleptomane** plutôt que *kleptomane* parce que les deux façons d'écrire étaient possibles selon les dictionnaires. Mais aucune règle ne dit de changer tous les **k** en **c** ! Un **kangourou** ou **un tank** continuent de s'écrire avec **k**, parce qu'il n'y a pas de graphie concurrente avec **c**.

Du *yogourt*, du *yoghourt* ou du *yaourt* ?

On peut dire et écrire **yogourt** ou **yaourt**. L'orthographe moderne ne choisit pas entre les différentes façons de parler : les recommandations portent sur la façon d'écrire les mots que vous souhaitez employer. Si vous prononcez « **yogour(t)** », il est recommandé d'écrire **yogourt** plutôt que *yoghourt*, parce que les deux graphies coexistaient (en plus de la variante **yaourt**, toujours permise), et que la graphie la plus simple entre **yogourt** et *yoghourt* est la graphie sans **h**.

> **S'il y a deux graphies admises, choisissez la plus simple !**
>
> Les principes de la règle G ont été initialement recommandés aux lexicographes et aux créateurs de mots. Mais tout le monde (spécialistes de la langue ou non, personnel enseignant) devrait privilégier dorénavant les graphies les plus simples et les plus françaises chaque fois qu'un choix entre plusieurs variantes existe. Soyons tous modernes !

Les *h* vont-ils tous disparaitre ?

Non. La règle G choisit la graphie la plus simple seulement si elle existe déjà. Elle autorise d'écrire sans **h** les mots **yogourt** ou **rapsodie** parce ces formes sans **h** étaient déjà présentes dans les dictionnaires. Mais la majorité des mots conservent leur **h**, comme **orthopédagogue** ou **théâtre**, parce qu'il n'y a pas de graphie concurrente sans **h** pour ces mots dans les dictionnaires. Dans le doute, reportez-vous au *Grand vadémécum de l'orthographe moderne recommandée*, qui donne la liste alphabétique la plus complète des mots touchés par les rectifications (⏩ page 61).

En résumé

On privilégie la graphie la plus simple lorsque deux graphies coexistent, et on francise certaines graphies étrangères.

Ex. : shampoing, cacahouète, goulache, intervieweur, taliatelle.

L'orthographe au quotidien

TROISIÈME PARTIE

Écrire
en orthographe **moderne**
chaque jour

Vous voulez probablement commencer à écrire en nouvelle orthographe tous les jours à compter de maintenant. Bravo pour votre côté résolument moderne. Voici pour vous quelques conseils pratiques.

Ayez de bons outils

Il vous suffit d'avoir de bons outils, notamment d'avoir sous la main la liste alphabétique de tous les mots touchés par les rectifications orthographiques : le *Grand vadémécum de l'orthographe moderne recommandée* (⏩ page 61). Il sera votre référence lorsque vous rédigerez, lorsque vous aurez un doute.

Revoyez les règles

Voyez le résumé des règles à la page 64 et faites la dictée de la page 62. Si vous voulez vous exercer davantage, procurez-vous en librairie le guide complet avec exercices et corrigés, intitulé *Connaitre et maitriser la nouvelle orthographe*. Vous pouvez aussi assister à une conférence ou organiser un atelier-formation dans votre établissement. Écrivez à contact@renouvo.org : le Réseau international pour la nouvelle orthographe du français vous mettra en lien avec une personne spécialiste de votre région.

Un mot par page

Les rectifications de l'orthographe touchent en moyenne un mot par page dans un livre de format moyen. Elles ne défigurent donc pas les textes. La preuve : vous lisez aisément ce livre, qui est pourtant rédigé en nouvelle orthographe.

Faites corriger vos textes par un logiciel à jour

Craignez-vous de ne pas maitriser toutes les règles de la nouvelle orthographe ? Pensez-vous avoir oublié de rectifier quelques mots dans votre document ? Vérifiez votre texte à l'aide d'un correcteur informatique. Utilisez un logiciel à jour, avec les bons réglages (⏩ pages 14-15), pour vous assurer que votre texte est bien conforme aux rectifications de l'orthographe. Ces outils sont là pour vous aider !

Note de bas de page

Montrez fièrement votre position en l'indiquant par une note en bas de page ou une note en fin de document. Profitez-en pour donner dans cette note quelques exemples de mots rectifiés (figurant dans votre texte) afin de rassurer les lecteurs et lectrices non avertis, et pour les informer du côté officiel des rectifications de l'orthographe du français, en mentionnant un site de référence. Par exemple, votre note pourrait se lire ainsi : « *L'orthographe moderne recommandée par le Conseil supérieur de la langue française est utilisée dans ce texte. Ex. : dix-mille ; paraitre, sans accent. Pour tout savoir : www.nouvelleorthographe.info.* » Dans un livre, vous l'indiquerez dans la page des coordonnées de la maison d'édition en début d'ouvrage ou en annexe ou, encore mieux, en quatrième de couverture.

Restez au courant des avancées

Vous pouvez recevoir gratuitement de l'information par courrier électronique afin de rester bien au courant des avancées des rectifications de l'orthographe. Écrivez à la liste de diffusion « Orthographe en direct » à l'adresse orthographe-en-direct@romain-muller.net en précisant dans quel pays vous habitez.

Signature automatique

Dans votre système de messagerie électronique, faites apparaitre sous votre signature automatique une mention comme « *J'applique les rectifications de l'orthographe* » ou « *Ce message est conforme aux rectifications orthographiques en vigueur [www.orthographe-recommandee.info]* » ou encore « *J'écris en orthographe moderne* ».

Logo de conformité et vignette

Agrémentez vos documents d'un logo indiquant que vous employez l'orthographe moderne dans vos textes. Téléchargez gratuitement la vignette illustrée ici ou l'un des nombreux logos de conformité à partir du site www.orthographe-recommandee.info/pros, et apposez-les dans vos propres documents. Différents logos sont disponibles : « *Ce texte est conforme à la nouvelle orthographe* », « *Ce document est conforme…* », « *Ce livre est conforme…* », « *Ce journal est conforme…* », « *Ce site est conforme…* », etc. Ces logos sont libres de droits, donc reproductibles à volonté. Mettez un logo de conformité sur la couverture ou la première page de tous vos documents. C'est un gage de modernité qui attirera l'œil !

En résumé

Pour écrire en orthographe moderne, ayez de bons outils sous la main, revoyez les règles, utilisez un correcteur informatique, et affichez fièrement votre position dans vos textes.

Que faire
à l'école?

Les enseignantes et les enseignants doivent être bien informés sur l'orthographe moderne, de façon à pouvoir non seulement corriger correctement examens et évaluations, mais aussi savoir quelle orthographe enseigner. S'il est une institution où les rectifications de l'orthographe ont un effet non négligeable, c'est bien l'école.

Dans la correction

Dans tous les cas, **aucune des deux graphies** (ni l'ancienne ni la nouvelle) **ne peut être tenue pour fautive**. Ce principe figure dans le *Dictionnaire* de l'Académie française (fascicules publiés au *Journal officiel de la République française*) et doit être appliqué, ce qui revient à dire que les enseignantes et les enseignants doivent accepter aussi bien la nouvelle que l'ancienne orthographe (ou même un mélange des deux, tout comme ils doivent accepter, par exemple, les variantes **payera** et **paiera**) lorsqu'ils corrigent les productions, les travaux et les examens de leurs élèves.

Il est important de noter que ce principe doit être appliqué même dans les pays et régions où les autorités chargées de l'Éducation n'ont pas donné de consignes précises relatives à l'orthographe. En effet, l'orthographe du français n'est pas « décrétée » par lesdites autorités; pour savoir ce qui est admis, on s'en remet traditionnellement aux dictionnaires (plusieurs d'entre eux ont déjà connu une mise à jour en orthographe, ▶▶ pages 12-13) ou à l'avis de l'Académie française, formelle sur ce point. Évidemment, le personnel qui enseigne le français comme langue étrangère (notamment dans les pays non francophones) doit appliquer lui aussi ce principe lors de la correction de travaux d'élèves, de la même façon que doit le faire le personnel des établissements où l'on enseigne le français comme langue première.

Les correcteurs informatiques, de précieux alliés

Vous qui enseignez, pensez-y : les correcteurs informatiques peuvent être de précieux alliés ! Vous pourrez en discuter avec vos élèves, leur apprendre à s'en servir, leur exposer leurs points forts et leurs points faibles, et... leur expliquer les réglages relatifs à l'orthographe moderne (▶▶ pages 14-15).

Références officielles

Pour accéder aux références officielles en vigueur, connectez-vous à la page www.orthographe-recommandee.info/enseignement.

Dans l'enseignement

Dans plusieurs pays francophones, les ministères chargés de l'Éducation ont donné des consignes précises. Ainsi, en France, « **l'orthographe révisée est la référence**[1] » ; en Belgique, des circulaires invitent les professeurs à « **enseigner prioritairement les graphies rénovées**[2] » ; la Suisse a été le premier pays à informer le corps enseignant.

Dans la pratique, on constate (vous l'avez vous-même vu tout au long de cet ouvrage) que les dictionnaires et les outils informatiques, notamment, se mettent à jour ; de plus, les rectifications orthographiques permettent de perdre moins de temps à mémoriser des listes d'exceptions inutiles, et, par là même, elles permettent aux enseignantes et enseignants de français de s'attarder plus longuement sur d'autres sujets, par exemple sur la littérature (n'est-ce pas plus important ?)...

Pour toutes ces raisons, **il parait à la fois logique et souhaitable de donner la priorité à l'orthographe moderne dans l'enseignement**. Cela n'empêche pas, si on le souhaite, de signaler à l'occasion l'ancienne orthographe, et même d'attirer l'attention des élèves, en fonction de leur âge et de leur intérêt, sur le fait que l'orthographe a déjà évolué au cours des siècles passés (**▶▶** pages 10-11).

Pour un enseignement « à la page »

Le présent ouvrage est une référence pratique et maniable qui sera utile à toutes les personnes du milieu scolaire : secrétaires, bibliothécaires, spécialistes d'orthopédagogie, aides pédagogiques et bénévoles de l'aide aux devoirs, élèves, parents.

Ceux et celles qui enseignent utiliseront avec profit une liste des mots rectifiés (le *Grand vadémécum de l'orthographe moderne recommandée*), ainsi que le guide pratique *Connaitre et maitriser la nouvelle orthographe*, plein de conseils pratiques et d'exercices (corrigés et expliqués).

Les écoles peuvent aussi envisager des ateliers de formation. Pour en savoir plus sur les offres disponibles dans votre région, écrivez à contact@renouvo.org.

En résumé

Dans la correction, les deux orthographes doivent être acceptées. Pour l'enseignement, il est logique de donner la priorité à la nouvelle orthographe.

---

1. *Bulletin officiel* du ministère de l'Éducation nationale, hors série n° 3, du 19 juin 2008.
2. Circulaires publiées à la rentrée 2008-2009, signées par plusieurs ministres de la Communauté française de Belgique.

Que faire au bureau ?

Quotidiennement, vous devez rédiger des documents, des lettres, des messages électroniques, produire des rapports… En ce qui a trait aux règles orthographiques à appliquer au bureau, il serait bon qu'une position claire soit prise à l'interne, et que l'ensemble du personnel soit mis au courant.

Le secrétariat au quotidien

Dans une petite entreprise, vous aurez vite fait de sensibiliser et de convaincre vos collègues : vous pouvez même devenir leur personne-ressource en matière d'orthographe moderne. Dans une grande entreprise, les deux étapes ci-dessous – se concerter à l'interne et diffuser l'information – se complexifient puisqu'elles devront être réalisées à plus grande échelle, mais vous y arriverez. Il sera pertinent de réunir dans ce cas les professionnels de la communication (infographes, équipe de révision, responsables du markéting, selon le cas…). Faites un bilan complet de la situation en leur présence, et associez-les pleinement au processus de mise en place des rectifications orthographiques dans les communications de votre entreprise.

Concertez-vous à l'interne

La première chose à faire est de vous concerter avec vos collègues, de façon que la nouvelle orthographe soit appliquée de manière uniforme dans les documents émanant de votre entreprise ou de votre organisme. Vérifiez sur tous les postes que les traitements de texte sont assez récents pour que vous puissiez disposer d'un correcteur orthographique à jour.

Diffusez l'information

Un exemple de plan

Dans les grandes entreprises particulièrement, mieux vaut planifier le passage à l'orthographe moderne. Vous pouvez vous inspirer d'expériences d'autres entreprises qui sont déjà passées par là. Voyez un exemple de plan de communication sur le site www.nouvelleorthographe.info, section « Écrire en nouvelle orthographe ».

Diffusez l'information autour de vous, ou demandez que l'on nomme une personne qui s'en chargera auprès de tous ceux et celles qui ont à rédiger des textes au sein de votre entreprise ou de votre organisme. N'hésitez pas à utiliser les nombreux moyens qui sont mis à votre disposition :

AU BUREAU

- le site **www.orthographe-recommandee.info**, qui donne de nombreuses informations pratiques sans fioritures, et sur lequel on peut accéder à une présentation simple mais complète des nouvelles règles ;
- le site **www.renouvo.org**, avec une liste des mots touchés ;
- les publications telles que ce livre, le *Grand vadémécum de l'orthographe moderne recommandée*, etc.

Une application progressive, au besoin

Peut-être ne pourrez-vous pas passer complètement à l'orthographe moderne du jour au lendemain – par exemple parce que vous avez encore un grand stock de brochures en ancienne orthographe. Cela ne doit pas freiner votre démarche : vous pouvez parfaitement continuer d'écouler vos stocks, tout en commençant à rédiger vos autres documents en nouvelle orthographe.

Si votre profession est directement touchée par l'écriture

Si vous êtes dans le domaine de l'édition, de la rédaction, de la révision, de la correction, de la traduction, de l'infographie, de l'imprimerie, de la publicité, des communications, de l'affichage ou du sous-titrage, votre professionnalisme et votre souci de la modernité vous dictent d'aller de l'avant et d'appliquer la nouvelle orthographe. Informez-en votre clientèle, vos collègues et vos partenaires d'affaires. Ils savent que vous êtes spécialiste de l'écriture, et ils suivront bientôt votre exemple !

Lisez et relisez ce livre au bureau !

Ce livre contient de nombreux conseils qui sont applicables au bureau. Faites-le circuler ! Et revoyez particulièrement :

- les informations relatives aux dictionnaires à jour (▶▶ pages 12-13) ; il pourra être utile d'en acheter pour les personnes qui doivent rédiger au quotidien ;
- les précisions sur les correcteurs informatiques (▶▶ pages 14-15) ; il est important de procéder aux bons réglages ;
- les conseils pour écrire en orthographe moderne chaque jour (▶▶ pages 54-55) ; pensez notamment aux logos de conformité ;
- les ressources diverses (▶▶ pages 60-61), qui pourront vous être utiles.

En résumé

En utilisant l'orthographe moderne dans vos documents, vous montrerez que vous êtes à la page. Servez-vous des conseils donnés dans ce livre pour mettre à jour toute votre équipe au bureau.

Des ressources
pour vous

Se renseigner gratuitement en ligne

Plusieurs sites sur l'orthographe moderne regorgent de renseignements très intéressants, qui combleront vos attentes (règles, références officielles, historique, etc.).

- **www.orthographe-recommandee.info** s'adresse tant au grand public qu'aux professionnels. On peut y télécharger les logos de conformité (▶▶ page 55), accéder à toutes les informations relatives aux directives pour l'enseignement et aux correcteurs orthographiques à jour, visionner un miniguide en ligne (présentation point par point des règles), etc.

- **www.nouvelleorthographe.info** est un accès rapide à tous les aspects de la nouvelle orthographe : nouvelles règles, exercices en ligne, informations pour le monde de l'enseignement, listes de dictionnaires à jour, de guides de conjugaison à jour, de lectures diverses en orthographe moderne (romans, romans jeunesse, albums pour enfants, poésie, ouvrages sur la langue …), etc.

- **www.renouvo.org** est le site du RENOUVO, réseau international d'associations pour la nouvelle orthographe. Il permet notamment de consulter en ligne une liste alphabétique de mots touchés par les rectifications.

Utiliser un logiciel de correction

Les principaux correcteurs informatiques sont à jour (▶▶ pages 14-15).

Recevoir gratuitement des informations

Vous pouvez recevoir gratuitement des informations périodiques, par messagerie électronique, afin d'avoir un suivi des avancées des rectifications orthographiques. Nous le recommandons particulièrement aux personnes qui enseignent, aux professionnels de l'écriture, et à tous ceux et celles qui s'intéressent de près à la langue française. C'est un service gratuit.

Pour que votre adresse soit ajoutée (sans obligations) à cette liste de diffusion d'informations, écrivez à gqmnf@renouvo.org si vous vivez en Amérique, et écrivez à orthographe-en-direct@romain-muller.net si vous vous trouvez en Europe ou sur un autre continent. Précisez le pays où vous habitez.

DES RESSOURCES POUR VOUS

Suggestions de lectures : ouvrages de référence

- Le *Grand vadémécum de l'orthographe moderne recommandée* est la référence orthographique : il contient la liste alphabétique des mots touchés par les rectifications, avec une explication pour chacun. Il s'agit de la liste la plus complète (plus de 5000 mots).

- Le *Vadémécum de l'orthographe recommandée : le millepatte sur un nénufar* est le petit frère du *Grand vadémécum*. Il répertorie environ 2000 mots.

- *Connaitre et maitriser la nouvelle orthographe* est un guide pratique complet, avec exercices et corrigés, explications, justifications, tours d'horizon, interrogations et curiosités. Il répond aux besoins des enseignants, des professionnels de l'écriture et de tous les mordus de la langue française.

- *La nouvelle orthographe en pratique* compare l'ancienne orthographe et la nouvelle orthographe, par l'analyse et la segmentation fine des phénomènes orthographiques, regroupés en sous-listes. Il s'agit d'un outil très utile pour l'enseignement de l'orthographe.

- *Le Ramat de la typographie* est une référence en édition, correction et révision. Ce guide aide efficacement à produire des documents impeccables puisqu'il traite d'orthographe, de typographie (majuscules, italique, coupure de mots…), de ponctuation, etc.

Une formation pour vous, chez vous

Des formations ou des ateliers-conférences sont offerts dans la francophonie : des spécialistes parcourent les écoles ou répondent à des besoins en entreprise, et des conférences sont offertes au grand public. Si vous souhaitez assister à une telle conférence ou entrer en contact avec une personne spécialiste des rectifications de l'orthographe parce que vous songez à offrir une formation au personnel de votre entreprise ou de votre établissement scolaire, écrivez à contact@renouvo.org pour en savoir plus.

En résumé

Des associations dans la francophonie

Le Réseau pour la nouvelle orthographe du français (RENOUVO) regroupe des associations de différentes régions : France, Belgique, Suisse, Québec, Haïti. Ce réseau international fait connaitre les rectifications de l'orthographe. Vous trouverez sur son site www.renouvo.org les coordonnées des différentes associations. Prenez contact avec elles pour toute question ou pour devenir membre.

Beaucoup de ressources sont là pour vous : des sites d'information, des ouvrages de référence, une liste de diffusion pour recevoir gratuitement des renseignements, etc. Servez-vous-en.

Une dictée humoristique

Nous vous proposons ici un petit exercice : un extrait de la dictée *La capitulation des û et des î*. Elle a été rédigée par Émilie Smac, qui écrit pour la jeunesse, dans le but de rassembler le plus possible de mots touchés par les rectifications orthographiques. Essayez de les trouver…

La capitulation des û et des î (extrait)

La lettre de convocation précisait ceci : « Portez fièrement votre chapeau ! »

Ils avaient donc tous répondu à l'appel, chapeau pointu vissé sur le crâne, défiant avec témérité la nouvelle règlementation orthographique.

Ainsi, en cette soirée du mois d'aout, réunis dans la boutique d'un chapelier, tous les û et les î s'insurgeaient contre la décision du Grand conseil orthographique, qui leur demandait de ne plus porter dorénavant leur accent circonflexe.

— C'est un scandale, hurlait un û. On nous vole notre identité. Nous voilà réduits à ressembler à tous les u ordinaires de la terre. Nous ne tolèrerons pas cette traitrise plus longtemps !

— Et nous ? maugréait un î. On devient de ridicules unijambistes, avec un point flottant. Mettre les points sur les i est déjà d'un commun linguistique si… comment dire… si… insignifiant !

— Je me battrai jusqu'au bout pour récupérer mon chapeau, dussè-je me mettre à dos les modernistes. Je ne cèderai pas ! Qui me suit ?

— L'union fait la force ! Nous délèguerons deux porte-paroles qui protègeront nos intérêts auprès du Grand conseil orthographique.

[…]

Si cet extrait vous a plu, retrouvez le texte complet à l'adresse www.nouvelleorthographe.info, section « Exercices ». Vous pouvez aussi parcourir le blogue d'Émilie : http://emiliesmac.blogauteurs.net/blog. Tous les textes y sont écrits en nouvelle orthographe. Ils peuvent être reproduits et utilisés notamment dans les écoles. La reproduction est libre : il vous suffit de mentionner le nom d'Émilie Smac et la source.

Avez-vous pris le temps de faire l'exercice de la page de gauche ? Dans le corrigé ci-dessous, les mots touchés par les rectifications sont soulignés et suivis entre crochets du numéro de la page à laquelle vous pouvez vous reporter pour consulter la règle visée.

Réponses de la page 62

La lettre de convocation précisait ceci : « Portez fièrement votre chapeau ! »

Ils avaient donc tous répondu à l'appel, chapeau pointu vissé sur le crâne, défiant avec témérité la nouvelle règlementation [▶ p. 35] orthographique.

Ainsi, en cette soirée du mois d'aout [▶ p. 36], réunis dans la boutique d'un chapelier, tous les û et les î s'insurgeaient contre la décision du Grand conseil orthographique, qui leur demandait de ne plus porter dorénavant leur accent circonflexe.

— C'est un scandale, hurlait un û. On nous vole notre identité. Nous voilà réduits à ressembler à tous les u ordinaires de la terre. Nous ne tolèrerons [▶ p. 35] pas cette traitrise [▶ p. 36] plus longtemps !

— Et nous ? maugréait un î. On devient de ridicules unijambistes, avec un point flottant. Mettre les points sur les i est déjà d'un commun linguistique si... comment dire... si... insignifiant !

— Je me battrai jusqu'au bout pour récupérer mon chapeau, dussè-je [▶ p. 35] me mettre à dos les modernistes. Je ne cèderai [▶ p. 35] pas ! Qui me suit ?

— L'union fait la force ! Nous délèguerons [▶ p.35] deux porte-paroles [▶ p. 30] qui protègeront [▶ p.35] nos intérêts auprès du Grand conseil orthographique.

[...]

Cette dictée vous a-t-elle semblé déroutante ? Y a-t-il des mots que vous écriviez déjà, sans le savoir, en nouvelle orthographe ? Dans tous les cas, rappelez-vous que, dans les textes réels, les rectifications orthographiques touchent un nombre relativement faible de mots : environ un mot par page, ce qui est très peu.

D'autres exercices ?

Pour continuer de vous entrainer, procurez-vous le guide pratique *Connaitre et maitriser la nouvelle orthographe* (éditions De Champlain, mêmes auteurs). Il contient de nombreux exercices, tous corrigés et expliqués en détail. En fin d'ouvrage, vous découvrirez même la dictée que l'académicien et ministre Alain Decaux avait rédigée, dans le même esprit que le texte présenté ici.

Le résumé des règles

A TRAIT D'UNION ET SOUDURE

On écrit en un seul mot :

A1 les mots composés des préfixes **contr(e)-** et **entr(e)**
Contreperformance, contrattaque, s'entretuer. p. 20

A2 les mots composés des préfixes **extra-, infra-, intra-** et **ultra-** (sauf devant **i** et **u**)
Extrafort, infrarouge, ultrason. p. 21

A3 les mots composés d'éléments savants, en particulier en **-o** (sauf devant **i** et **u**)
Sont exclus de cette règle les noms propres et géographiques lorsqu'il y a une relation de coordination entre les deux termes (**franco-québécois**).
Antiâge, autoadhésif, hydroélectrique, socioculturel. p. 22-23

A4 les onomatopées et des mots d'origine étrangère
Coincoin, tictac, baseball, cowboy, weekend. p. 24-25

A5 les composés de type VERBE+**tout**, plusieurs composés avec **bas(se)-, bien-, mal-, mille-, haut(e)-**, et quelques autres composés.
Mangetout, bassecour, bienêtre, plateforme, terreplein. p. 26-27

A6 Les numéraux composés sont systématiquement reliés par des traits d'union.
Vingt-et-un, trois-cent-deux, cinq-millions. p. 28-29

B PLURIEL

Le singulier et le pluriel sont réguliers dans :

B1 les noms composés avec trait d'union de type VERBE+NOM ou PRÉPOSITION+NOM (sauf s'il s'agit d'un nom propre)
Un presse-fruit, des presse-fruits ; un sans-cœur, des sans-cœurs. p. 30-31

B2 les mots empruntés à d'autres langues (sauf s'ils ont valeur de citation).
Des raviolis, des matchs, des maximums. p. 32-33

C ACCENTS ET TRÉMA

C1 On remplace **é** par **è** lorsque la syllabe qui suit contient un « **e** muet ». C'est notamment le cas au futur et au conditionnel des verbes comme **céder** et dans les inversions rares avec **-je**.
Sont exclus de cette règle les préfixes **dé-** et **pré-**, les mots **médecin** et **médecine**, et les mots commençant par **é-**.
Crèmerie, évènement, tu cèderas, il suggèrerait, eussè-je. p. 34-35

C2 L'accent circonflexe disparait sur les lettres **i** et **u**.
Sont exclus de cette règle les masculins singuliers **dû, mûr, sûr**, les formes **jeûne** et **jeûnes**, les formes de **croitre** qui se confondraient avec celles de **croire**, et les terminaisons verbales du passé simple et du subjonctif.
Paraitre, boite, fraiche, envouter, gout. p. 36-37